智慧保险

保险业数字化转型
战略与路径

张 一 著

Smart insurance:
The Strategy and Path of
Digital Transformation
in the Insurance Industry

化学工业出版社

·北京·

内容简介

本书立足于我国金融保险行业的发展演变与前沿趋势，从科技视角切入，全面阐述5G、AI、大数据、区块链、物联网等新兴技术在保险领域的应用场景与实践路径，深度剖析智能科技在保险产品定价、营销、核保、理赔、客服、风控等细分领域的应用，并对全球部分国家和地区及我国保险科技的监管政策进行了系统梳理与分析。

全书内容翔实、结构清晰、针对性强，既有理论思考的前瞻性与深度，又兼顾了实践落地，构建了一套完整、详细、实战性强的保险行业数字化转型解决方案。针对当前保险行业的主流险种（如财产险、寿险、车险、农业险、健康险、自然灾害与事故责任险等）的业务流程及数字化转型实践做了详细论述，适合金融保险领域的各级管理者及从业人员、IT行业的科技人员阅读，也适合高等院校经济、管理等专业的师生以及对保险科技感兴趣的读者阅读。

图书在版编目（CIP）数据

智慧保险：保险业数字化转型战略与路径/张一
著 . 一北京：化学工业出版社，2023.11
ISBN 978-7-122-43969-7

Ⅰ.①智⋯　Ⅱ.①张⋯　Ⅲ.①保险业-经济发展-研究-中国　Ⅳ.①F842

中国国家版本馆CIP数据核字（2023）第148135号

责任编辑：夏明慧
责任校对：王鹏飞
装帧设计：溢思视觉设计／程超

出版发行：化学工业出版社（北京市东城区青年湖南街13号　邮政编码100011）
印　　刷：北京云浩印刷有限责任公司
装　　订：三河市振勇印装有限公司
710mm×1000mm　1/16　印张13$\frac{1}{2}$　字数178千字　2024年1月北京第1版第1次印刷

购书咨询：010-64518888　　　　　　　售后服务：010-64518899
网　　址：http://www.cip.com.cn
凡购买本书，如有缺损质量问题，本社销售中心负责调换。

定　　价：68.00元

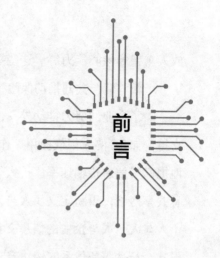

前言

　　保险是经济社会风险保障的重要手段，能够充分发挥经济助推器和社会稳定器的作用，具有重要意义。保险科技作为保险业高质量发展的重要基础，能够有效推动保险机构数字化转型，赋能保险业务创新，提升保险服务质量和效率，优化保险发展模式，强化服务国家战略的能力。我国《保险科技"十四五"发展规划》明确提出，到2025年，我国保险科技发展体制机制进一步完善，保险与科技深度融合、协调发展，保险科技应用成效显著，保险科技水平大幅跃升，人民群众对数字化、网络化、智能化保险产品和服务的满意度明显增强，我国保险科技发展居于国际领先水平。

　　目前，我国保险行业正在从高速增长向高质量发展转型，在这个过程中，保险科技发挥了重要作用。近几年，中国平安、中国人寿、中国太保、中国人保等保险行业的头部企业将"保险+科技"提升到战略高度，不仅加大了在保险科技领域的投入，而且设立了保险科技子公司，专注于保险科技的研发与落地。对于无力独自研发保险科技的中小型保险公司来说，在各个垂直领域积累了大量先进技术的平台型公司为其提供了技术支持，例如阿里巴巴为其提供IaaS（Infrastructure as a Service，基础设施即服务）技术支持，谷歌向其开放人工智能核心能力等。这些平台型企业与中小型保险公司合作构成了一个新阵营，共同推动保险科技创新。

除了企业的努力推动外，保险科技的创新发展也离不开大环境的支持，如5G的大规模商用。作为一项底层基础设施，5G的出现极大地提高了信息传输速率，扩大了信息传播范围，构建了一个庞大的信息共享网络，重新定义了人与人、物与物、物与人之间的关系，改变了人与人、人与企业的信息交互方式，深刻地影响了保险行业的发展模式、产品服务体系的构建方式以及风险管理理念。

在5G、大数据、云计算、区块链等技术快速发展的时代，保险行业作为一个知识密集型、技术敏感型行业正在经历一场以ICT（信息与通信技术）为核心的技术转型。

保险行业传统的风险防控集中在保前核保与保后勘验两个环节，使用的数据大多是静态的历史数据。随着保险市场不断下沉，用户群体越来越多，各类信息越来越复杂，保险行业传统的风险防控手段在时效性以及成本控制方面表现出明显的不足。5G技术的落地开启了万物互联时代，车联网、无人机、自动驾驶、智能家居、智能可穿戴设备等应用创造了海量动态的实时数据。保险公司可以利用这些数据精准预测风险，提前准备好应对方案，或者将风险消灭在萌芽状态，实现风险管控前置，还可以打通线上、线下的风险管理流程，形成全渠道风险管理闭环，提高风险管控效率，减少不必要的出险，降低风险管理成本。

对于保险公司来说，在5G网络环境下，业务人员触及客户群体的渠道变得越来越丰富多元，可以借助多种智能设备与用户建立连接，一改过去被动的服务方式，主动为客户提供定制化的风险服务，借助个性化的保险方案与产品优化用户体验，增强客户对公司的黏性。

目前，各个保险公司都在积极引入人工智能，布局RPA（Robotic Process Automation，机器人流程自动化）。该项技术的引入可以使保险公司的部分业务实现自动化操作，对海量实时数据进行高效处理，例如自动识别客户提供的医疗发票，自动录入车险录单文件等，减少保险公司在这些琐碎事务中的人力投入，对数据隐藏的价值进行深入挖掘。在此基础上，保险公司的风险评估能力与运营能力都将得以大幅提升，传统风险评估系统认为不适合承保的项目通过新的风险评估有可能得出新的结果，支持保险公司在更大范围内拓展客户群体，开发更多新兴业务。

保险行业因为行业特殊性，会收集用户的隐私信息，例如家庭住址、联系方式、身份证号码、银行卡账号、健康状况等，这些信息一旦泄露将造成不可估量的损失。在5G网络环境下，保险行业传统的信息管理方式存在很大漏洞，信息泄露风险极高。区块链技术凭借去中心化和数据难以篡改的特点，借助智能合约、共识机制、分布式记账等工具，创新了信息管理方式，有效地保障了信息安全，增强了客户对保险公司的信任，为保险公司的业务开展奠定了良好的基础。

事实上，在5G时代，赋能保险科技创新的技术还有很多，本书立足于我国金融保险行业的发展演变与前沿趋势，从科技视角切入，全面阐述5G、AI、大数据、区块链、物联网等新兴技术在保险领域的应用场景与实践路径，深度剖析智能科技在保险产品定价、营销、核保、理赔、客服、风控等细分领域的应用，并对全球部分国家和地区及我国保险科技的监管政策进行系统梳理与分析，试图帮助读者理解保险科技时代的产业变革与模式演化，以便于指导保险企业应时而变，加快推进数字化转型升级。

本书共分为六个部分。

第一部分：保险科技。这一部分从保险科技的发展与演化出发，从营销、核保、理赔、客服、风控五大环节切入对保险科技在保险行业重塑中的重要作用进行探究，并进一步探讨保险科技赋能下的保险行业智能化、数字化转型路径。

第二部分：AI+保险。这一部分从"AI+保险"的底层逻辑切入，对AI赋能保险的五大实践应用——智能定价、智能服务、智能理赔、智能风控、智能运营进行立体化拆解，对AI赋能保险行业过程中遇到的四方面问题进行深入探讨。

第三部分：大数据+保险。这一部分对大数据在保险行业的落地应用以及落地过程中面临的主要问题与对策进行探究，集中探讨了基于大数据的智能化风险控制和精准营销，围绕实现路径与落地策略总结出一系列实用的技巧与方法。

第四部分：区块链+保险。这一部分立足于区块链的基本特性，对区块链在寿险、车险、农业险、健康险四个主要领域的应用进行深入探究，形成极具指导意义的实践路径，并从资产监管与基金监管两个维度对区块链赋能下的保险监管升级进行讨论。

第五部分：物联网+保险。这一部分从物联网赋能保险行业的关键技术切入，详细分析了物联网对金融科技的创新，并就物联网对车险、商业健康险、财产险、自然灾害与事故责任险的颠覆与创新进行了讨论，同时对各自的应用场景做了设想。

第六部分：监管科技。这一部分对美国、英国、德国、新加坡和中国在保险科技方面的监管政策进行阐述，试图借此探究全球对保险科技创新的主流态度，展现了保险监管科技的六个主流应用场景，对我国保险监管科技落地应用策略进行总结。

本书从多角度阐述了保险业数字化转型战略与路径，结构清晰、针对性强，既有理论思考的前瞻性与深度，又兼顾了实践落地，构建了一套完整、详细、实战性强的保险行业数字化转型解决方案。针对当前保险行业的主流险种（如财产险、寿险、车险、农业险、健康险、自然灾害与事故责任险等）的业务流程及数字化转型实践亦做了详细论述，适合金融保险领域的各级管理者及从业人员、IT行业的科技人员阅读，也适合高等院校经济、管理等专业的师生以及对保险科技感兴趣的读者阅读。

著者

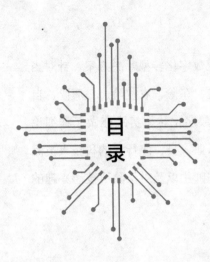

目录

第18章
保险合规：监管科技应用场景　/184

第19章
我国保险监管科技的实现路径　/193

第一部分
保险科技

第1章
保险科技：重新定义未来保险

一、"保险＋科技"时代的来临

随着互联网、大数据、人工智能等新兴技术的飞速发展，保险科技已经成为投资和发展的新风口，近年来，世界各国都加快了发展保险科技的步伐。根据全球再保险经纪商Gallagher Re发布的首份全球保险科技报告，2021年，全球保险科技融资额高达158亿美元，这一数字甚至超过2019年和2020年该领域融资额的总和。众安金融科技研究院发布的报告显示，2021年我国保险创新领域的融资额总计41.6亿元，我国已成为全球第二大保险创新市场。

近年来，以百度、阿里巴巴、腾讯和京东为首的互联网科技公司不断向保险行业渗透发展，中国平安、中国太保、中国人保等保险企业也大力发展保险科技，形成了互联网科技公司和保险企业相互促进、协同发展的新局面。不过，保险科技作为一个新兴领域，国家层面的监管部门还需要不断加强对保险科技的监管，不断完善相关监管制度和标准，为保险科技的健康稳定发展提供保障。

1. 保险科技：开启金融保险业的未来

保险科技（InsurTech）是指能够赋能于保险行业，助力保险业转型升级，实现保险业高质量、长远发展的一系列新兴技术。这些技术与保险业融合，可以很好地促进保险产品创新迭代，推动保险业营销模式和管理模式的变革升级，提升保险公司的发展水平。从长远来看，保险科技的应用和发展可以变革保险业的生态结构和发展模式，从而促进保险业的智慧化发展，为国民经济发展带来新的驱动力。

保险科技能够融合大数据、物联网、云计算、区块链、人工智能等多种新兴技术，共同推动保险行业实现技术创新和生态创新，从而完善保险行业的销售、核保、定损、理赔、风险管理、产品定价、产品创新等各个环节，优化保险流程，提高各项保险应用的数字化、智能化水平。

2015年6月，世界经济论坛（World Economic Forum，WEF）在《金融服务业的未来——破坏式创新如何重塑金融服务业的结构、供应和消费》一文中表示，各种科学技术的发展和应用将会影响金融行业的发展，尤其是保险行业。

对保险行业来说，保险科技的发展能够拓宽保险领域的数据来源、升级数据处理技术。

- 从拓宽数据来源的角度上看，保险科技的发展促进了大数据、物联网（车联网）、无人机、基因检测、可穿戴设备等在保险领域的深度应用，能够让数据来源变得更加广泛，并更好地表现出被保险人的异质性。以寿险精算为例，传统寿险的核保参考因素只包括被保险人的性别、体检情况、吸烟年限等，现阶段的寿险精算还会参考被保险人的基因、饮食习惯、运动频率等多种因素。
- 从升级数据处理技术的角度上看，大数据、云计算、人工智能等科学技术在保险领域的应用为保险工作人员提供了便利条件，增强了实时分析复杂结构数据的能力，大幅提高了数据处理速度。以车险定损为例，保险公司可以用图像识别检测技术和人工智能技术对事故现场的图像信息进行精准快速的分析处理，从而迅速完成定损工作。

保险科技为保险业带来的变革是逐步且深远的。在我国，随着经济的发展和社会的进步，人们的保险意识也逐渐增强，但相比于新兴的保险产品，大多数受众更容易接受传统的保险产品。随着我国科技水平的不断提升，保险科技有望逐渐改变人们的保险观念，使人们更愿意接受科技型保险产品，从而为我国保险业带来深刻的变化，推动我国保险业实现快速、高质量发展。

2.保险科技时代的产品创新

进入保险科技时代，数字化技术应用于保险产品开发对保险产品创新产生了积极的促进作用，具体表现在以下三个方面，如图1-1所示。

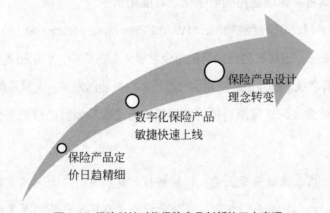

图1-1　保险科技时代保险产品创新的三大表现

（1）保险产品定价日趋精细

随着保险公司获取数据的渠道越来越多，获取的数据种类越来越丰富，对数据的处理能力越来越强，保险产品定价也越来越精细。具体来看，保险公司对数据的获取与利用的主要方式如表1-1所示。

表1-1　保险公司获取、利用数据的主要方式

项目	主要方式
获取数据	为了拓展数据获取渠道，越来越多的保险公司开始通过跨平台合作的方式收集用户信息，将用户划分为不同的群体，并明确其具体需求，最终通过对保险行业的定价模型进行优化来提高产品定价的精细化程度
利用数据	保险公司利用大数据、云计算等技术大幅提高了全量数据分析能力，通过数据分析结果进行全面的风险评估，提高对风险的把控能力，并开发出能够更好地满足用户需求的保险产品

（2）数字化保险产品敏捷快速上线

快速发展的保险科技对保险公司业务核心系统建设提供了强有力的支持，再加上相关数据不断完善，使得以互联网保险产品为代表的技术赋能型保险产品的迭代周期越来越短、迭代速度越来越快。

首先，在数据支持方面，越来越多的保险公司开始大力拓展渠道来获取用户的行为数据，并利用大数据等技术对数据进行深入分析，发现重点趋势数据，快速出台应对策略；其次，在核心系统建设方面，为了提高保险公司核心业务系统的运行能力，保险公司在基础设施建设领域投入了大量资源，极大地缩短了产品的更迭周期，加快了产品上线速度。

（3）保险产品设计理念转变

在财险领域，保险产品逐渐呈现出场景化、小额化、定制化以及规模化的发展趋势。在大数据、人工智能、区块链等技术的驱动下，保险公司可以对风险进行精准预测，对产品进行精准定价，使保险费率的精准度得以大幅提升。

另外，随着大数据等技术快速发展，保险公司可以以海量数据为依托对部分保险产品进行设计，提高这类保险产品设计的合理性。比如，在寿险与健康险领域，保险公司将关注点放在了次标准体方面，并对疾病保障范围进行了有效拓展。

二、保险科技的演变与发展历程

保险行业的发展历史十分悠久，最早可追溯到公元前3000年前，当时，古巴比伦曾制定一种救济策略，即提前收取居民的赋金，当居民遭受火灾时为其提供救济，这从本质上讲实际上是一种保险行为，也被公认为世界上最早的保险。1384年，世界上第一份具有现代意义的保险单在佛罗伦萨诞生。17世纪，伦敦某地遭遇火灾，之后世界上第一家保险企业因此诞生。后来，保险行业开始进入系统性发展阶段，行业制度和发展体系也开始加速完善。

自近代以来，科技革命的爆发为社会发展带来了许多新技术，得益于此，保险业无论是行业规模还是发展效率，都得到了跨越式提升。其中，对保险业影响较为深远的技术主要有以下几项。

1. 电话销售

电话销售是科技革命后保险营销最主要的手段之一，并且这种方式也一直延续至今。目前，电话销售渠道在保险营销领域仍处于关键地位。

20世纪70年代末，美国率先采用电话销售的方式进行保险产品营销，如今其电话营销市场规模和影响力位居世界第一。在我国，电话销售最先是以拨入电话为主，2001年开始拓展出外拨形式。

2. 电脑信息系统

电脑信息系统也是科技革命的重要成果，并且同时期也在保险业中有所应用。特别是在20世纪80年代左右，各类初代信息技术开始应用于保险行业，并首次推动了保险行业的信息化发展。当时，保险公司开始利用电脑信息系统进行最基本的出单操作，并取得了良好的效果，大幅提高了保险行业的效率。

20世纪80年代至90年代，日本、美国等发达国家将电脑信息系统应用于保险行业，推动了保险行业发展模式的变革。

1988年，日本生命保险公司展开了对电脑信息系统的全面应用，并创建了公司数据系统、电话系统和传真系统。次年，该公司又创建了客户综合资产管理系统，实现了客户数据库的扩充和升级。1999年，该公司又为所有业务员配备了手提电脑，大幅提升了公司的发展效率。

20世纪90年代，美国著名保险公司StateFarm借助电脑信息系统创建了客户关系管理系统，由此能够以更少的人力开展更多的业务，工作效率得到颠覆式提升，该保险公司也得到了空前的发展，从小型汽车互助保险公司跃升为美国名列前茅的保险公司。

20世纪末，我国一些大型保险公司借鉴国外的优秀经验，也开始建设保险信息系统。

1997年，中国人寿保险公司开始在全国各地的分公司推行CBPS寿险综合业务系统，大幅提升了业务效率。1999年，太平洋保险公司借助信息技术创建了新系统，包括呼叫中心系统、营销系统、服务系统等，显著提升了公司的运营效率。

3. 信息技术

进入21世纪之后，信息技术快速发展，电子商务兴起并逐渐普及，保险业产生了更大的变化，网络保险开始出现，并在信息技术的加持下得到迅速发展。

美国国民第一证券银行首次实现了保险单的网络销售，使保险行业迈入了互联网保险的发展阶段。此外，在1995年，美国利用信息技术创建了世界上首个第三方网络保险平台InsWeb，现如今其已成为全球最值得信赖的保险平台之一。

20世纪末，我国的互联网保险开始兴起，与此同时，我国的经济、社会、科技迅速发展，共同推动我国的网络保险也进入快速发展阶段。1997年，我国首家保险网站——中国保险信息网诞生，其由中国保险学会和北京维信投资股份有限公司共同创立，开启了我国的互联网保险时代。在这之后，我国多家保险公司陆续创建官方网站，支持保险产品的线上营销。

现阶段，我国的新一代信息技术迅速发展，并得到了广泛商用，这为保险行业带来了更为深刻的影响，其中，区块链、人工智能、物联网、云计算等技术开始与保险行业加速融合，这使得保险业的商业模式逐渐发生变革，保险业逐渐朝安全、智能、高效的方向发展。

三、保险科技的底层技术体系

保险科技不是一种单独的技术，而是在很多技术的支撑下发展起来的，下面对保险科技的底层技术体系进行具体分析，如图1-2所示。

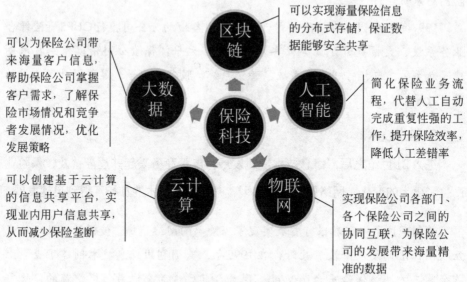

图 1-2　保险科技的五大底层技术

1. 区块链

区块链是由多个区块组成的数据存储链条，采用的是分布式的数据存储架构，可以完成数据的存储、分析和应用。区块链技术两个典型的关键特征是去中心化和数据不可篡改，此外还具备开放性、匿名性、透明性等特点。

区块链技术应用于保险业，可以实现海量保险相关信息的分布式存储，比如客户基本信息、健康状况信息、投保标的信息等，这些数据可以在区块链的各个节点被完整地存储，保证数据能够安全共享。如此一来，一方面可以实现投保人信息的快速、准确验证，防止欺诈行为；另一方面可以保障数据的连续性，当投保人更换保险公司时，新的保险公司可以快速掌握投保人的相关信息，并合理推荐保险产品，提升保险效率。

此外，区块链中的智能合约技术可以实现快速、精准理赔，在提升理赔效率的同时，有效保护保险公司和客户双方的权益。

2. 人工智能

人工智能是计算机科学的一个重要分支，它是对人脑智能进行模拟、延伸和扩展的一项技术，拥有复杂的理论和应用系统，具备机器学习、机器人技术、自然语言处理、生物识别技术、计算机视觉五大关键技术。现阶段人工智能技术主要用于研发能够自动响应变化并做出处理判断的智能机器人。

人工智能技术应用于保险业中，可以简化保险业务流程，代替人工自动完成重复性强的工作，这样可以大幅提升保险效率，同时能够避免人工易出现差错的问题，此外还可以提高保险业务团队的专业度，从而实现降本增效。现阶段，保险业对人工智能的应用主要体现在产品营销和售后服务中，如核保、理赔等环节。

3. 物联网

物联网是基于互联网，借助各种传感设备打通物与物、物与人、人与人之间连接的网络，能够实现物品和过程的自动识别和智能管理。物联网是新一代信息技术的代表，涉及的关键技术包括智能感知技术、智能识别技术、普适计算等。现阶段，物联网技术已经在各行业领域中得到了深入应用，不断推动各行业领域实现互联互通和协同发展。

物联网技术应用于保险业，能够实现保险公司内部各系统之间、保险公司之间的协同互联，从而为保险公司的发展带来海量精准的数据，同时能够实时反馈业务流程的运行情况，为管理人员制定个性化管理方案和调整运营策略提供依据。目前，物联网技术与保险业融合已经拓展出多个应用场景，其中，在车联网和可穿戴设备领域的应用较为成熟：

- **车联网方面**：保险公司可以与汽车 4S 店等进行合作，在车上安装智能感知设备，一方面可以全面收集客户的驾驶行为、驾驶习惯、行驶里程等信息，进而为客户定制专属的车险产品和寿险产品，也可以为客户提供专属的汽车保养及驾驶建议，降低事故发生的概率，从而节省理赔成本；另一方面，在客户驾驶车辆时，智能感知设备可以实时感知和采集途经的路况和环境等信息，减少欺诈行为。此外，保险公司还可以与客户进行实时交互，从而为客户带来优质的服务体验，提升续保率。

- **可穿戴设备方面**：可穿戴设备主要用于医疗与健康保险领域。保险公司可以与医院等医疗机构合作，为客户提供可穿戴医疗设备。这些设备可以实时感知和收集用户的身体指标信息，并通过物联网将数据同时传输给医院和保险公司，双方通过数据分析了解用户的身体状况，并为其提供个性化的健康保险产品和健康管理建议。此外，保险公司还可以结合客户的实时身体健康数据和病历信息，确定客户是否符合投保标准，同时还可以减少因信息不对称而产生的欺诈行为。

4. 云计算

云计算是一种分布式计算技术，它可以整合网络、服务器、存储软件、应用软件等计算资源，形成一个可共享的计算资源池，在使用时，用户可以根据计算需求来使用，即按需支付。云计算能够为用户带来便捷、高效的网络访问体验，可以根据用户提供的数据和信息进行快速、精准、分布式的计算，然后将最终结果汇总给用户。云计算具备数据丰富、按需部署、灵活可靠、高效便捷的优势，目前已广泛应用于各行业领域中。

云计算技术与保险业融合，可以创建基于云计算的信息共享平台，实现业内用户信息共享，从而减少保险垄断现象，促进保险行业的均衡、健康、高效发展。保险公司可以根据业务发展需求来获取和使用计算资源，降低保险公司的运营成本，同时可以实现数据的快速、精准处理，从而实现保险产品的精准定价，提升保险公司运营效率。

此外，云计算技术也可以与大数据、人工智能等技术相结合，提升保险售后服务的质量和效率，增强用户黏性，实现保险公司的持续发展。

5. 大数据

大数据是对巨量、多类型的数据进行存储、快速流转和处理、精准应用的一项数据分析技术，其显著特征是数据规模庞大、类型复杂。大数据技术与云计算、人工智能之间存在密切的联系，三者也经常协同应用于各行各业中。大数据技术的应用不仅极大地扩充了行业数据规模，而且能够实现海量数据的专业化处理，最大程度释放数据的价值，为业内公司制定科学的发展策略提供依据，同时还能对各行业内未被开发的领域进行探索和研究。

大数据技术应用于保险业中，可以为保险公司带来海量的客户信息，保险公司通过对这些信息进行精准分析，一方面能够准确掌握人们的行为和保障需求，为客户定制个性化的保险产品，同时通过风险评估来实现差异化定价，并根据客户的偏好进行精准营销；另一方面可以了解保险市场情况和竞争者发展情况，从而优化自身的发展策略，实现更好的发展。此外，保险公司可以对大数据、人工智能、云计算等技术进行融合应用，提升承保、核保、理赔等环节的效率。

四、保险科技产业图谱与商业落地

随着5G时代的到来，大数据、云计算、人工智能、区块链等各类新兴技术迅猛发展，并与保险行业融合催生了保险科技。保险科技的出现为保险行业的发展带来了新的机遇，该领域的企业也应当主动运用技术来推动经营模式的变革，不断优化、创新产品和服务，同时加强人才培养，扩大自身的竞争优势，以占领数字化时代的发展高地。

目前，我国保险科技已形成较为完善的产业链，各式各样的保险科技公司应运而生，并参与到保险经营的各个环节，为保险公司提供不同的创新服务，其中，主要的服务方向大致可以分为销售端创新、产品端创新、中后台创新三类，如图1-3所示。

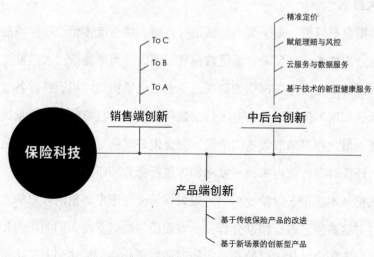

图1-3 保险科技的主要服务方向

1. 销售端创新

销售端是直接与客户对接的环节，根据不同的对接客户，销售端的保险科技公司类型可以分为三种，即To C（个人消费者）、To B（保险公司或企业）、To A（保险代理人）。

（1）To C

这类公司通常直接参与保险产品的销售，它们采用各种途径进行引流、获客，吸引个人用户通过公司平台购买保险产品，从而赚取佣金。这类公司采用的导流方式通常有两种，如表1-2所示。

表1-2 To C公司常用的两种导流方式

导流方式	具体操作
精准广告投放	这类公司通过在各类平台或搜索引擎上投放广告进行导流，人们点击广告便可进入公司网站，这些公司便可进行产品推销，代表性企业有小雨伞、慧择的To C业务等
设立筹款机构或互助机构	公司通过设立互助机构或筹款机构来吸引大批量人群，这些人群通常是有各种保障需求的潜在客户，前期通过运营建立客户的信任，提升客户黏性，后期则进行保险产品推销

（2）To B

这类公司通常也会直接参与保险产品销售，但不负责导流、获客，通常是与机构、平台进行合作，这些机构或平台将客户导流至公司平台，公司再进行保险产品的推销，并从中获取收益。代表性企业有凤栖云服、齐欣云服等。

（3）To A

这类公司通常直接服务于保险代理人，主要借助先进的技术来研发各类软件，保险代理人通过这些软件可以更高效地开展业务，提升代理人的业绩，并分得代理人的一部分佣金。代表性企业有保险师、i云保等。

2. 产品端创新

保险产品创新通常分为两种：一种是对传统保险产品进行优化改进，另一种是针对新场景进行新产品的研发。通常来讲，产品创新主要是由专业互联网企业来负责，不过近几年，传统保险公司为实现更好的发展，也在不断尝试产品的创新。

（1）基于传统保险产品的改进

这类业务是在既有产品的基础上进行创新优化，以弥补传统保险产品的不足；或者对传统产品进行替代，以满足用户对保险产品的更高要求。典型案例有众安保险推出的"百万医疗"，其在原有的保险产品上设定免赔额，以低廉的产品价格为客户带来高额的保障，从而提升保险公司的销售利润。

（2）基于新场景的创新型产品

传统保险行业的产品通常包含死亡险、疾病险、寿险、医疗险、车险、财险等几种固定的类型，但随着社会的发展，很多新的风险不断出现，这就意味着保险领域可能存在一定的空白。保险公司基于这些新的保险场景而研发的保险产品也属于产品创新的一个方向，这种产品创新的模式通常与传统保险产品是互补的关系，双方并没有重叠的地方，不过，保险公司必须控制其研发与经营的成本，使其能够为保险公司带来净利润，这样的产品创新对保险公司才更有意义。

3. 中后台创新

中后台创新涉及的领域较为广泛，因此负责这类业务的公司的商业模式也非常多样。这类公司通常为传统保险公司提供技术服务或外包服务，以实现传统保险业务中台及后台的创新，并从中赚取服务费。此外，部分传统保险公司也通过引进技术和人才来进行自主创新，以减少成本支出。

中后台创新的业务模式主要包含以下四种，如表1-3所示。

表1-3　中后台创新的四种业务模式

业务模式	具体策略
精准定价	公司基于相关领域的数据，利用先进的数据算法为保险公司优化定价模型及定价体系，助力保险公司实现精准定价，并从中赚取服务费用
赋能理赔与风控	借助大数据、云计算等技术对风险数据进行分析，以帮助保险公司在理赔和风控方面实现降本增效
云服务与数据服务	借助新一代信息技术创建信息化服务平台或数据服务平台，将这些平台租借给保险公司使用，收取会员费，也可以按照保险公司的要求为其定制相关系统或平台，并收取服务费
基于技术的新型健康服务	主要负责医疗健康方面的保障服务，主要业务是为帮助保险公司进行健康医疗理赔，并从中赚取服务费

（1）精准定价

这类公司基于相关领域的数据，利用先进的数据算法为保险公司优化定价模型及定价体系，助力保险公司实现精准定价，并从中赚取服务费用。

例如，在车险领域，5G和物联网技术的应用为车险公司带来了稳定、可靠的海量数据源，保险科技公司可以通过数据分析帮助车险公司进行精准定价，这对车险公司实现持续、健康发展具有重要意义。典型业务包括评驾科技、车车科技等。

其中，评驾科技这类公司是帮助相关厂商（如OBD❶硬件供应商等）进行数据分析以获取海量驾驶相关数据，再基于这些数据为保险公司提供精准定价

---

❶ OBD: On Board Diagnostics，车载自动诊断系统。

服务；车车科技这类公司则通过对车险产品报价数据进行分析整合，帮助保险公司实现精准定价。

（2）赋能理赔与风控

这类公司是借助大数据、云计算等技术对风险数据进行分析，以帮助保险公司在理赔和风控方面实现降本增效，主要通过事前风控和事后理赔两个环节来实现，如表1-4所示。

表1-4 赋能理赔与风控的两个环节

两个环节	具体措施
事前风控	保险公司利用新技术对保险标的相关数据进行分析，预测可能出现的风险，并采取一定的防控措施，典型代表有爱保科技
事后理赔	保险公司基于互联共享的保险数据进行核对和分析，一方面可以避免保险欺诈行为，降低保险公司的理赔成本，保障保险公司的合法权益；另一方面可以帮助保险公司完成快速、准确、高效理赔，保护消费者的权益。这类公司通过为保险公司提供这些服务来赚取服务费，典型代表有栈略数据科技公司。此外，很多传统保险公司也开始利用新技术开展此类业务，例如平安保险推出AI车险查勘定损，用于自动理赔业务

（3）云服务与数据服务

这类公司通常借助新一代信息技术创建信息化服务平台或数据服务平台，这些平台可以租借给保险公司使用，同时收取会员费；也可以按照保险公司的要求为其定制相关系统或平台，并收取服务费。概括来讲，这类公司的业务模式主要可以分为三类，如表1-5所示。

表1-5 云服务与数据服务公司的三大业务模式

序号	具体的业务模式
1	研发统一的信息化平台供保险公司使用，从中赚取会员费
2	为保险公司定制信息化系统，从中收取服务费
3	为保险公司提供数据服务，从中获取服务费用

这三种业务的开展离不开先进的技术和海量数据的支撑，相应地，这类公司的主要成本也更多体现在平台及系统的研发和运营方面。典型公司有保险极客、南燕保险、中科软、众安科技等。

（4）基于技术的新型健康服务

这类公司主要负责医疗健康方面的保障服务，主要业务是帮助保险公司进行健康医疗理赔，并从中赚取服务费。这类公司一方面与保险公司对接，当客户发生健康事故申请理赔时，这类公司会接管后续的工作，借助区块链、物联网等技术代替保险公司完成理赔；另一方面与医疗机构对接，授权对客户进行治疗，同时结算医疗费用。

此外，部分公司也会根据数据和经验自主设计研发新产品，并将其卖给保险公司以获取更多的收益。典型公司有易雍健康、圆心惠保、暖哇科技等。

第 2 章
智启未来：科技重塑保险流程

一、营销环节：驱动保险精准营销

保险业务的整个流程非常复杂，涵盖了很多环节，包括投保、核保、承保、售后服务、理赔等，每个环节都体现着保险公司的服务理念以及服务能力，对客户体验有着直接影响。近年来，随着保险业务快速发展，保险行业的经营模式发生了一定的改变，逐渐摒弃"得产品者得天下"的经营理念，开始转向"得客户者得天下"，注重客户经营与留存。

再加上，近年来，随着大数据、云计算、5G、人工智能、区块链等技术快速发展并在保险行业深入应用，保险行业涌现出很多新兴技术，为各个业务环节提供技术支持，促使产品研发、营销渠道、客户服务、核保核赔等环节的效率得以大幅提升，使保险企业的运营质量得到显著提高。

在保险行业的整个业务流程中，营销是首要环节。保险科技在该领域的应用可以提高保险营销的精准度，带给客户更优质的服务体验。具体来看，保险科技在保险营销领域的应用主要体现在两个方面，一是智能营销工具优化，二是赋能营销队伍，具体分析如下。

1. 智能营销工具优化：AI 保险机器人的应用

近几年，在快速发展的大数据与人工智能技术的支持下，保险行业涌现出一种新产品——人工智能保险顾问机器人。该产品对虚拟机器人技术以及相关算法进行集成应用，对用户的保险需求进行分类，明确用户产生保险需求的原因，并据此为用户打造个性化的保险产品与服务。

从2017年开始，我国很多大型保险公司以及保险科技领域的初创企业相继推出了智能保险顾问机器人，其中最具代表性的就是太平洋保险推出的"阿尔法保险"机器人。这款机器人对自然语言理解技术和智能推荐算法进行了集成应用，面向的是家庭保险需求，可以自行解答用户关于保险的问题。

用户可以通过微信小程序，以语音或者文字的形式与"阿尔法保险"机器人交流，提出自己想要了解的问题，并获得个性化的保险方案。具体来看，"阿尔法保险"机器人有两大功能，一是可以辅助营销人员开展营销活动，二是可以为大数据与人工智能技术在保险领域的应用积累丰富的经验。

2. 赋能营销队伍：重构保险营销模式

在传统的保险营销模式中，代理人团队发挥着十分重要的作用，既承担着推销保险业务、获取保费收入的重要责任，也承担着打造公司口碑、获取客户信任的重要职责。因此，进入保险科技时代之后，各家保险公司都在努力挖掘、培养核心销售人员，尝试用新型的保险科技为销售人员赋能，帮助销售人员更深入地了解用户，有针对性地向客户推销保险服务，提高成交率。在保险科技的支持下，保险行业的营销场景以及营销模式都得到了重构。

具体来看，保险科技对保险营销的赋能主要体现在三个方面，分别是保险代理人增员和培训、保险代理人队伍建设、智能保险展业工具革新。

（1）保险代理人增员和培训

保险公司可以利用互联网技术，借助手机App、微信客户端等工具打造一个在线增员流程，让新员工从招聘到上岗的全过程实现在线化，提高员工招聘效率，节约招聘成本。

在产品学习方面，部分保险公司利用人工智能等先进技术打造了游戏化的产品学习平台，以提高代理人学习的积极性，让代理人在游戏过程中增进对保险产品的了解，从而更好地向客户推荐。

（2）保险代理人队伍建设

保险公司不再设置统一的代理人管理工具，而是用移动代理人管理工具代替传统代理人。如此一来，代理人可以独自开展经营活动，更便捷地组织销售培训，对销售业绩进行分析，对收入进行计算，有针对性地为客户提供服务。

为了做好代理人团队建设，有些保险公司创建了一站式数据查询平台，支持代理人通过该平台实时查看自己的交易情况，也支持代理人团队的管理者对代理人团队的发展情况进行动态跟踪。

（3）智能保险展业工具革新

保险公司可以利用移动业务拓展工具，在大数据技术的支持下对客户需求进行深入挖掘与分析，开展线上营销，源源不断地获取客户，并提供线上投保服务，带给客户更优质的体验。

二、核保环节：打造优质的核保体验

在保险业务开展过程中，承保与理赔是两个非常重要的环节，也通常是代理人投入时间与精力最多的两个环节，对保险业务的开展质量与效率有着直接影响。因此，随着保险科技快速发展，各保险企业均希望借助保险科技来提高承保与理赔两个环节的效率，带给客户更优质的体验。下面我们首先阐述智能核保技术和RPA❶财务机器人在保险核保环节的主要应用。

---

❶ RPA: Robotic Process Automation，机器人流程自动化。

1. 智能核保技术：优化用户体验

目前，寿险领域是智能核保技术应用的主要领域，主要是利用数据挖掘与人工智能等技术为人工核保提供辅助，简化核保流程，提高核保效率，带给客户更优质的核保体验。具体来看，智能核保技术对传统核保效能的改进、对用户核保体验的优化主要体现在以下四个方面，如表2-1所示。

表 2-1　智能核保技术优化用户体验的四个方面

方面	具体措施
线上智能核保	在传统人工核保模式下，核保人员要向客户提问很多医学问题，以了解客户的身体状况。而线上智能核保系统利用语音交互、文字交互等技术，可实现自动与客户沟通交流，分析客户的提问，主动做出解答，并通过客户的描述对其身体状况作出相对全面的判断，给出比较准确的核保结论，能够极大地提高核保效率
理赔客户智能核保	智能核保系统不仅可以对理赔记录进行结构化处理，对疾病类型进行分类存储，还能为曾经历过理赔的用户提供线上智能核保服务，减少客户因为有过理赔经历导致自主核保无法通过、无法承保的事件发生
精准的风险防控	智能核保系统可以通过精准的风险控制发现高风险用户，降低逆向选择风险
提高核保质量与效率	智能核保系统可以利用OCR(Optical Character Recognition,光学字符识别)和NLP（Natural Language Processing，自然语言处理）技术对客户的体验报告进行分析，自动发现异常检查结果，并给出核保结论，可以帮助核保人员得出统一结论，提高核保质量与效率，减少核保人员在查阅客户的体验报告方面投入的时间与精力，释放核保人员的生产力

2.RPA 财务机器人：提升运转效率

RPA财务机器人，即财务机器人流程自动化，是指依托各类先进信息技术手段的虚拟劳动力（数字劳动力）根据预先设定的程序操作指令对任务进行自动处理，实现业务流程由机器人自动处理。

RPA财务机器人可以在无须编码的情况下模拟人类业务员的手动操作习惯，提高承保、索赔、客户服务等保险业务流程的执行效率。财务机器人适用于规则明确、需要重复操作的场景，通过自动复制与复现用户的交互，推动所有可以自主定义的流程落地，将员工从不断重复的工作中解放出来，切实提高保险公司的运营质量与效率。

鉴于财务机器人的这一优势，很多保险公司都开始积极引入财务机器人。例如，泰康人寿引入一批财务机器人代替人工执行一些重复性的工作与任务，这些机器人可以根据既定的业务逻辑作出判断，发现财务流程中可以优化的环节，对各个自动化财务流程进行自主管控。

其中一款机器人可以自动处理照片，以一秒钟一张的速度对照片进行智能分发、审核与上传，而人工分发、审核与上传则需要一分钟，效率大大提升。

三、理赔环节：简化流程，提升效率

随着人工智能、云计算、大数据等技术在保险行业实现深度应用，不仅保险的营销、承保等环节发生了巨大变革，理赔环节也得以重塑。在这些先进技术的支持下，保险公司可以以数字化的方式收集理赔信息，并打造一个无纸化的理赔流程，客户不需要来回往返提交纸质资料，客户体验得到全方位提升；还可以提高查勘、核损、定损效率，对欺诈行为作出精准识别，简化理赔流程，提高核赔的准确率，切实提高理赔速度与效率。

目前，智能理赔领域有两个极具代表性的产品，一是太保财险的"太好赔"，二是太保寿险的"太慧赔"。

"太好赔"利用大数据、人工智能等技术打造了一个快速理赔流程，实现报案、调度、定损、交单、核赔、查询全流程的自动化与智能化，切实简化了理赔流程，提高了理赔效率，可以实现1分钟一键报案、8分钟自助定损、15分钟收付赔款。

"太慧赔"通过与医疗机构或第三方平台对接，打造一个集数字化、智能化、自动化等特征于一体的智能医调平台，极大地缩短了理赔时间，带给客户更快速、更便捷的理赔体验。

1. 智能核赔：实现风控和时效的平衡

智能核赔以人工智能、图像识别等技术为依托，可以对案件风险进行实时评估，在对理赔风险做出有效控制的同时保证理赔时效，降低人工成本，提高核赔效率。具体来看，保险公司引入智能核心技术与系统之后，可以有效控制风险，保证理赔时效，实现内部人员的优化配置。

在智能核赔领域，比较有代表性的应用是太平人寿推出的"秒赔"平台，其可以将理赔申请、资料收集等工作放到线上完成，利用人脸识别、OCR、电子签名等技术为客户提供移动理赔服务，极大地缩短从提交材料到完成理赔所消耗的时间。

具体来看，"秒赔"平台有三个核心功能，分别是理赔受理、进度跟踪、结果分享，支持客户在线申请理赔，对案件进度进行跟踪，可以切实提高理赔效率，实现现场结案、实时支付。

2. 图像定损：助力理赔降本增效

在保险理赔中，图像定损是一个非常重要的环节，具体来讲就是保险公司通过对照片进行分析确定财产损失，并将其作为理赔依据。

按照传统的理赔流程，保险公司从收到事故照片到确定理赔金额需要一定时间。而借助图像定损技术，这个流程所消耗的时间可以极大缩短，从而大幅提高理赔效率，降低运营成本，使得保险公司可以在用户服务领域投入更多资源，以有效改善用户体验。

四、客服环节：数字化全场景保险服务

近几年，越来越多的保险企业开始推进数字化客户服务能力建设，一方面集中资源全面推进客服体系的智慧化建设；另一方面集中力量打造客户服务App，进一步提高用户参与度，带给用户更优质的体验。

1. 客服体系的智慧化建设

通过客服体系智慧化建设，保险公司能够有效提升客户管理与服务效率，带给用户更优质的体验，增强用户对保险公司的黏性。

经过多年的探索与实践，保险行业的客服体系智慧化建设已经取得初步成就，比如引入智能客服，推进智慧网点建设，打造智能柜面，并上线语音外呼、线上随访、电子保单托管等功能，如表2-2所示。

表2-2　客服体系智慧化建设的四大成果

建设成果	具体功能
智能客服	智能客服是人工智能在保险行业比较成熟的应用，即利用自然语言处理技术以及聊天机器人与客户进行自主交互，从而快速理解用户的问题并给出令其满意的回答，可以全天候地带给客户更快捷、更优质的客户服务体验，切实提高客户服务效率，降低人工客服成本
智慧网点建设与智能柜面	智慧网点建设对保险公司的运营模式与服务流程进行了重构，可以大幅提高网点的服务效率、服务质量、营销能力与用户体验，其对客户关系进行深入挖掘，能够真正打造一个以客户为中心的经营模式，切实提高网点的竞争力。在智慧网点建设过程中，智能柜面打造是一个非常重要的环节，可以利用人工智能技术将传统柜面与线上服务相结合，为客户提供多元化的服务，打造柜面自助终端
语音外呼、线上随访	语音外呼、线上随访可以利用语音识别、语义理解、语音合成等技术，降低外呼、随访成本，提高外呼效率，解决实地随访面临的各种问题。智能外呼一天的呼出量是人工外呼的数倍，而且智能外呼可以不受情绪以及身体状况的影响，始终保持稳定的工作状态；线上随访则可以打破时空限制，随时随地进行随访，提高随访效率，降低随访成本
电子保单托管	电子保单托管是对整个家庭的保单进行全面风险管理，提高责任聚合、风险检视与专业分析的标准化水平，将保险信息全面呈现出来，并为客户提供保险方案优化、续期提醒、理赔协助等服务。具体来看，电子保单托管有两个核心功能，一是在保单即将到期时向客户发出提醒，提醒客户及时缴费；二是可以以家庭为单位对客户的保单进行整合，让客户对这些保单的风险保障水平有更加全面的了解，避免重复投保

2. 客户服务 App 的打造

目前，各保险企业打造的App主要具备五大功能：

- 一是保险产品和理财产品销售；
- 二是保单服务；
- 三是医养和健康管理；
- 四是线上社群；
- 五是优惠活动及特色服务。

在这五大功能中，保险产品与理财产品销售是首要功能。为了让客户更好地了解企业的保险产品，很多保险企业在App中按照险种对保险产品进行分类，还增加了理财功能，支持用户根据需要自行购买理财产品，对自己的资产进行合理分配。

在保单服务与投保流程方面，各保险企业提供的服务比较相似。具体来看，保单服务可以细分为四种类型，如图2-1所示。

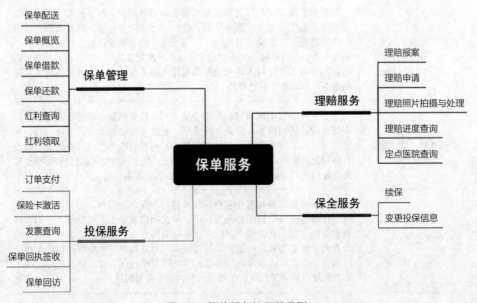

图 2-1　保单服务的四种类型

医养及健康管理服务是近几年保险公司的重点开发功能，其中医养服务主要包括健康自测、线上问诊、就诊绿色通道、免费体检等，健康管理服务主要包括健康社区、健康资讯、计步活动等。目前，很多保险企业App将健康管理服务作为与客户交互的主要切入点，希望通过这一服务提高客户黏性。

除此之外，为了实现这一目标，很多保险企业也会打造线上社群，组织线上活动，向客户推送与保险有关的信息。为了增进与用户的交流和互动，很多保险企业开发的App设置了用户社区，并推出了很多特色服务以吸引用户，提高用户使用App的次数，并通过线上优惠活动吸引顾客购买。

除上述几项操作外，一些保险企业还以App为基础，对移动客户服务端进行整合，打造一个互联互通的媒体联络中心，以便进一步对资源进行整合，提高服务效率。

五、风控环节：基于保险科技的智能风控

在各种先进技术的支持下，保险行业的风险管控呈现出智能化、数字化、立体化、前置化的发展趋势，风险管控效率得到了大幅提升。

随着图像识别技术、生物识别技术、情绪识别技术以及机器学习技术变得愈加成熟，并与区块链技术实现深度融合，这些技术在风险管控领域的应用也使得风险预警与管理手段更加丰富，风险识别的准确率与效率更高，风险管控的智能化水平得以大幅提升：

- 图像识别技术经过大量训练可以代替人工读取图像，辨别图像真伪，对图像进行对比分析，在车险定损、农险、货运险等领域实现广泛应用，提高虚假照片识别效率，对用户欺诈风险进行有效防范，帮助保险公司避免不必要的损失。
- 生物识别技术指的是利用人体固有的生理特征对用户身份进行鉴定，包括人脸识别技术、指纹识别技术等。目前，生物识别技术已经在保险公司投保、理赔、保全等业务场景实现广泛应用，主要用来对用户身份进行核验。
- 情绪识别技术指的是通过对用户的面部表情、语音、心率、行为等生理或

非生理信号进行分析，进而判断用户的情绪状况。

- 而区块链技术的应用可以提高保险行业风险管控的智能化水平。对于保险行业来说，数据共享是一大痛点。区块链技术的应用不仅可以提高保险行业数据共享水平，而且可以提高数据保存的安全程度，防止数据被篡改，实现价值转移、智能合约等多种功能。

1. 风控基础数据库与预警模型

近年来，大数据在保险业务的各个环节实现了渗透应用，推动行业发生了巨大变革。具体来看，大数据的应用可以帮助保险公司及时发现有可能发生风险的环节并予以解决，尤其可以帮助保险公司应对道德风险，为整个行业的健康可持续发展保驾护航。

具体来看，保险行业风险控制的数字化主要表现在两个方面：第一，建立标准的风险防控基础数据库；第二，对风险控制规则与模型进行优化。

对于保险公司来说，一个标准的基础数据库可以打造一套自动化的核保与理赔流程。保险公司通过对内部与外部的数据进行整合，建立标准化的理赔流程，可以极大地提高定损与核赔效率。此外，保险公司想要做好风险管控，需要大规模、大范围地收集客户数据与案件数据，将其存储到基础数据库中，在不断清理历史数据库、完善基础数据库的基础上，利用大数据、机器学习、深度学习等技术，创建风险管控与预警模型，切实提高风险管控的自动化与数字化水平。

保险公司可以利用统计学算法解析，辅之以人工经验，对收集到的数据进行深入挖掘与分析，从中找到风险因子，创建风险评估与预警模型，并推动模型落地应用，根据应用结果为模型迭代与优化提供有效支持。随着人工智能技术不断发展，在该技术的支持下，保险公司可以从各种风险特征中提取不突出的因子或群体，扩大风险控制工具的应用范围以及应用的精准度。

2. 从被动的风险补偿转向主动的风险管理

在物联网、大数据等技术的支持下，保险公司可以从多个维度获取数据，提前预知风险并做好风险防范，以减少赔付数额，降低用户损失，转变风险管理态度，从被动管理转变为主动管理，从事后处理转变为事前防范。

比如，在财产险领域，保险公司可以利用物联网、大数据等技术对灾害进行预警，降低财产险赔付；可以引导用户规范驾驶，降低车险赔付。在人身险领域，在传统的理赔模式下，保险公司一般是在用户完成治疗后进行理赔，比较被动，随着大数据、智能可穿戴设备以及基因检测等技术不断发展，保险公司可以利用这些技术对投保人进行科学的健康管理，帮助投保人养成健康生活习惯，提前对投保人可能发生的疾病进行干预，降低出险概率，同时更好地保证投保人的健康，实现双赢。

3. 实现保险风控体系多维度、立体化

面对越来越专业、复杂的欺诈方式，保险公司想要做好风险防控，必须利用互联网、大数据、区块链等技术打造一个多维度、立体化、开放性的风险防控体系，吸引监管机构、中介机构、保险公司、行业协会、非保险企业等主体积极参与，从多个维度识别风险，打造一个多方共建的风险防控机制，提高风险防控质量与效率。

面对不断变化的欺诈手段以及更加隐蔽的风险因子，保险公司传统的风险防控手段逐渐失效，因此必须尽可能广泛地收集数据，并利用大数据技术对数据进行深度挖掘与分析，识别风险因子，降低欺诈风险。在现实生活中，很多保险欺诈案件都是因为信息不对称发生的，例如客户可以利用保险公司掌握的不一致信息进行重复索赔等。为了避免这种情况发生，保险行业要整合多方数据，共同创建智能风控平台，切实提高风险管理能力。

第 3 章
5G 赋能：驱动保险智能化变革

一、5G 时代的智慧保险新机遇

在5G时代下，大数据、人工智能、物联网、区块链等技术将持续推动保险科技的进步和创新，保险业也将朝向更加智能化的方向发展，同时，保险数据的价值也将得到极大发挥，并实现数据智能驱动保险应用，智慧保险实现全面落地指日可待。

科技应用的本质实际上可以看成是在端、边、云的架构下进行的要素交互，保险科技的运用也将建立起基于端、边、云的交互架构体系的保险生态，如图3-1所示。

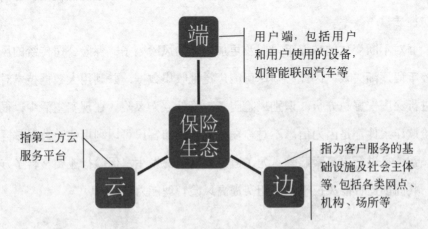

图 3-1　基于端、边、云交互的保险生态

在先进技术的加持下，端、边、云三者高效协同，推动保险业的智能化发展。基于端、边、云的交互架构，未来保险行业的发展将从被动补救向主动防范转变，保险公司的保障能力将得到大幅提升，风险损失也将显著降低。

5G时代的到来为智慧保险的发展带来了新机遇。5G具有低时延、高速率、高带宽、广连接等的优势，将5G应用于保险业中，将会实现保险销售模式和服务模式的变革，提升行业效率。例如，在5G网络下，AR（Augmented Reality，增强现实）、VR（Virtual Reality，虚拟现实）、人脸识别等技术的应用将更加灵活、高效，保险公司可以利用这些技术进行智慧交易、智能化风险识别等，提升保险业务流程的效率和准确率，也可以根据不同的客户需求提供个性化、现代化的服务，提升客户的满意度，增强客户黏性，从而实现保险公司的良性可持续发展。

此外，5G的发展和普及也使得网民规模急剧增加，这为保险公司带来了更多潜在客户。同时，5G时代下，人工智能、大数据等底层技术也实现了快速发展和广泛应用，这为保险科技的进步和应用提供了基础条件。在5G时代，保险科技的应用场景主要有以下几种，如图3-2所示。

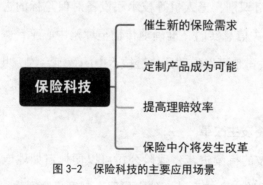

图 3-2　保险科技的主要应用场景

1. 催生新的保险需求

5G时代下，各行各业均在利用新技术进行智慧化变革，智能化场景层出不穷，比如无人驾驶、智能制造等，这些领域的发展催生了新的保险需求。

以无人驾驶为例，由于车辆行驶不需要驾驶人员，完全由车载的智能化设备进行操控，安全责任转移到了汽车制造商或软件供应商身上，相应地，车险产品也需要进行变革，并且不同的驾驶场景要对应不同的保障服务，这为保险科技的发展和应用提供了有利条件。

2. 定制产品成为可能

在新时代下，人们的保障需求不断提升，且对保险产品的需求呈现出较强的差异化特点，因此，保险公司可以借助大数据、云计算、边缘计算等技术收集并分析客户所有与保险相关的数据，掌握客户的需求，并为客户定制个性化保险产品。

此外，保险公司还可以通过数据分析来实现风险费率差异化、碎片化，并根据客户的行为习惯、生活工作环境等，对保险产品进行精准化、差异化定价。

3. 提高理赔效率

5G时代下，各种新技术得到快速发展，为保险理赔提供了技术支持。保险公司可以借助AI识别、无人机等技术和设备对保险标的进行自动勘查，并通过5G网络将相关信息实时、准确地传输至理赔中心平台，大幅提升理赔效率。此外，保险公司也可以借助区块链技术中的智能合约、共识机制等实现完全自动理赔。

4. 保险中介将发生改革

随着保险科技的持续进步，保险公司可以便捷自如地嵌入各种第三方服务，这也将推动保险中介的变革，独立代理人制度将会诞生。这种第三方代理人可以与保险公司进行合作，代理人帮助保险公司开发和维护客户，为客户提供个性化的保险产品，完成产品销售，并从中获取利润。同时，保险公司在代理人的帮助下能够获得更多的销售额，同时降低自身的运营成本，从而实现更好的发展。

实际上，保险运营的本质是端到端的用户深度交互的过程。在5G时代，新一代信息技术的发展和应用能够实现全场景的客户交互，从而帮助保险公司更高效地洞察客户需求，并进行保险产品的优化和创新，同时变革营销和服务模式，从而实现更好的发展。

现阶段，我国保险业的发展仍存在一些顽固的痛点问题，如产品同质化严重、投保流程复杂、服务效率低下等，而保险科技的应用可以有效化解这些难题，因此，我国保险公司应当加强保险科技的运用，为保险的各个流程和环节赋能，优化和创新保险产品，重塑保险流程，构建保险新业态，这样才能实现保险业的高效、高质、智能化发展。

二、5G 在保险领域的应用场景

进入5G时代，随着人工智能、物联网、云计算等新一代信息技术在保险行业广泛应用，保险行业的服务模式、业务结构以及发展模式都将发生巨大的改变。5G在保险领域有着广阔的应用空间，下面对几个典型的应用场景进行具体分析。

1.5G+ 智能客服

对于保险公司来说，客服是接触客户、服务客户的第一阵线，良好的客户服务可以很好地维持客户关系，增强客户对公司的黏性，提升公司的影响力，帮助公司拓展更多业务。

随着保险公司的业务不断发展，客服人员的工作职责变得越来越多，有限的工作时间不断地被侵占，很难集中精力处理核心业务。为了解决这一问题，保险公司率先将人工智能、5G等技术引入客服领域，创造出一种新应用——智能客服。智能客服集成应用了语音识别、语音合成、语言理解、语言生成等多项人工智能技术，可以与客户开展语音交互，自动解决客户的疑问，自动向客户推销产品，将客服人员从烦琐的事务中解脱出来，让他们将更多时间与精力投放到业务创新方面。

近几年，引入智能客服的保险公司越来越多，而且成效显著。例如，阳光保险利用人工智能、大数据等技术打造数字柜面，推出线上业务办理窗口，实现部分业务的智能办理，同时引入人脸识别、OCR等技术打造了智能客服系统，极大地提高了客户服务质量与效率。

那么5G与智能客服有什么关系？5G是如何对智能客服发挥作用的呢？

首先，5G凭借高传输速率、高稳定性、低延时的特点带给客户优质的交互体验，凭借高清视频、远程坐席等应用促使金融服务实现高效协同。

其次，5G与保险领域的融合使得用户获取保险服务的渠道大幅拓展，不仅可以通过保险公司获取保险服务，还可以通过线上渠道获取，而线上渠道也将逐渐从传统的智能手机、电脑、平板等终端向智能家居、车联网设备等方向拓展，用户与客服的交互方式也将从语音、文字转向视频、VR、AR等，客户服务将呈现出移动化、视频化的发展趋势。

2.5G+动态风控

风险控制是保险公司保证收益、减少损失的重要措施，而保险公司传统的风控模式存在两大缺陷：第一，数据可能造假，而验证数据真实与否的成本比较高；第二，数据更新缓慢，而风险却在实时演变，仅凭历史数据、静态数据无法了解目前所面临的风险。随着风险环境愈发复杂，传统的人工防控风险的模式不再适用，保险行业的风险防控必须向实时、动态、智能化的方向转型。

在4G时代，保险公司的风险防控主要以静态数据为依托，能够发现的风险比较少，风险防控效果比较一般。而在5G时代，随着智能手机、智能可穿戴设备、智能家居、车载传感器等智能终端越来越多，保险公司能够实时获取大量多维度的数据，为风险判定与防控提供强有力的数据支持。另外，在边缘计算以及新型风险防控模型的支持下，保险行业的风险防控手段越来越多，风险识别与处理效率也有了大幅提升。

在风险防控领域，保险公司通过5G网络获取的实时数据可以实时发现风险，并对应采取有效措施进行处理，将风险消灭在萌芽状态，实现风险管控前置，从而提高风险管控效率，降低风险管控成本；还可以有效防范道德风险，减少不必要的损失。

而且，由于通过5G网络获取的实时数据可以保证真实性，所以基于实时数据的分析结果制定的风险管理策略也更加有效，可以精减风险评估环节，提高风险管理效率。在具体实践中，保险公司的各个业务部门可以相互协作，采集客户多渠道的交易行为，对客户的交易行为进行联合监控，及时发现异常交易行为，对其中存在的风险进行判断，采取有效措施进行处理。

总而言之，5G对保险行业风险防控的赋能体现在很多方面，其中多维度的数据将推动风险防控机制与模式不断革新，推动风险防控系统实现智能化升级。

3.5G+ 保险定价

在5G技术的支持下，保险行业可以实现动态定价、个性化定价。

传统保费主要由三部分构成，分别是保险金额、保险费率和保险期限，定价时基本不会考虑投保人投保后个人行为的改变、投保物品的运行状况等因素，定价模式比较死板。进入5G时代之后，可用的数据规模大幅增长，保险公司可以借助丰富的人、财、物等信息根据投保人以及投保产品的具体情况实现个性化定价，彻底颠覆传统的分类分档的定价模式。

在保险产品个性化定价领域，目前比较具有代表性的案例有基于车联网衍生的车险产品、基于个人身体健康状况设计的新型医疗健康险等，这些产品在设计时从多个维度获取投保人的相关信息，根据这些信息为投保人定制保险方案，自然也就实现了个性化的保险定价。

例如在车险定价方面，有保险公司利用车载设备收集投保人的驾驶数据，根据驾驶里程、驾驶时间、驾驶行为等数据确定保费；在医疗健康险定价方面，有保险公司利用智能可穿戴设备获取投保人的血压、血糖、心率等身体指标，基于对投保人身体健康状况的判断为其定制保险方案以及保费。

总而言之，在5G时代，保险公司可以凭借实时获取的数据、精准的用户画像、用户信用分析结果为用户定制保险方案及保费，主动为用户提供保险服务，并通过个性化的产品、优质的用户体验以及精准的运营模式满足用户对保险产品的差异化需求，提高保险产品的附加值，从而在市场竞争中占据有利地位。

4.5G+ 智能理赔

保险理赔一般发生在事故发生之后，由客户提出，由保险公司进行处理。传统的保险理赔要经过现场查勘、保险审核、赔款计算等多个环节，每个环节都有可能出现问题，给保险理赔的顺利进行造成一定的阻碍，导致"理赔难"现象时有发生。

进入5G时代，保险公司可以利用5G、人工智能等技术提高事故现场勘验效率，快速收集保险理赔所需的各种资料，在最短的时间内完成赔付金额的计算和理赔手续的交接，带给用户高效、便捷的理赔体验；同时还能减少在理赔环节的人力投入，降低运营成本，有效防控理赔环节可能发生的各种风险。

例如，投保人在驾驶车辆的过程中与其他车辆发生剐蹭，现场人员可以使用手机进行现场勘验，将拍摄的视频、照片通过5G网络快速传输到保险公司，快速获得理赔。如果发生事故的标的产品价值比较高、所处的空间比较大，保险公司同样可以快速、高效地完成定损理赔，并通过后台对整个理赔过程进行动态监控，在保证理赔服务效率与质量的同时强化风险管控，以免保险公司蒙受不必要的损失。

上述案例所述的视频定损的实现有两个前提条件：一是车主可以通过5G网络将现场拍摄的视频与图像快速传输到保险公司，同时保险公司可以快速识别并处理这些视频与图像，从中获取所需信息；二是保险公司能够实时对接公安征信系统，可以快速获取车主信息以及投保车辆信息。

三、基于5G物联网的保险产品变革

与很多行业一样，保险行业对技术变革也非常敏感。随着5G技术在医疗、家居、出行、交通等行业渗透应用，物联网设备覆盖范围越来越广，所产生的大规模数据将颠覆保险行业原有的业务模式，推动保险产品发生巨大变革。

1.5G在财产险领域的应用

在财产险领域，5G技术的应用将推动防灾防损和查勘定损工作发生一定的改变。

例如在农业保险领域，农业生产如果受气象灾害、地质灾害等因素的影响遭到破坏向保险公司提出理赔申请，保险公司首先要进行现场勘验，确定损失。传统的人工勘验成本比较高、效率以及精准度都比较低。在5G技术的支持下，保险公司可以利用无人机进行现场勘验，快速识别农田受灾情况，为农户提供赔偿。

事实上，在无人机出现后不久就有保险公司利用无人机来进行查勘定损，只不过在4G网络环境下，无人机拍摄到的影像清晰度不高，而且网络传输速度比较慢，无法利用人工智能技术对影像进行分析。再加上能够提供辅助的设备不多，无人机只能确认标的的电子耳标，导致物联网设备的功能得不到充分发挥，物联网数据采集效率比较低。5G技术为上述问题提供了有效的解决方案，极大地提高了无人机勘验的效率与精准度，并且对智慧农业的发展产生了积极的促进作用。

2.5G 在健康险领域的应用

随着居民的健康保障意识不断提升，健康险行业进入了爆发期。为了能够实时了解投保人的健康状况，一些保险公司为投保人配备了智能可穿戴设备，实时收集投保人的各项身体指数，并结合投保人的历史健康数据为其定制保险方案。

例如，保险公司可以根据智能可穿戴设备传回的投保人的运动数据增减保费，如果投保人每天的运动量达标，且持续多少天，就为其减少一定比例的保费。在这种奖励模式下，投保人会自觉运动，改善自己的健康水平，帮助医疗公司减少需要支付的医疗费用，同时还能帮助智能可穿戴设备厂商拓展市场，一举三得。

具体来看，保险公司利用智能可穿戴设备对投保人进行健康管理的方式如下，如表3-1所示。

表 3-1　智能可穿戴设备在投保人健康管理领域的四大应用

序号	具体应用
1	保险公司利用智能可穿戴设备跟踪监控投保人的身体指标，了解投保人的生活习惯，为其提供改善建议，通过保费奖励激励投保人实现健康目标，从而获得一个健康的客户群，降低他们使用医疗保险服务的概率
2	保险公司根据通过智能可穿戴设备获取的数据对投保人所面临的健康风险进行评估，根据评估结果制定保费
3	保险公司可以通过智能可穿戴设备实时获取投保人的身体健康状况，解决与医疗机构所掌握的信息不对称的问题，与医疗机构一起为投保人规划最优的治疗方案
4	因为智能可穿戴设备可以随时收集投保人的健康数据，所以可以减少投保人生病入院需要做的检查项目，还可以辅助医生对病情做出精确判断，减少投保人在医院停留的时间

3.5G 在车险领域的应用

在5G环境下，车联网实现了快速发展，给车险行业带来了一定的变革。

首先，在车险产品方面，5G推动自动驾驶快速发展，自动驾驶车辆的上路行驶必将推动保险产品从原来的车险产品演变为自动驾驶汽车的产品责任险。因为在自动驾驶模式下，人类驾驶员不再为车辆安全承担主要责任，责任主体转变为汽车生产厂商以及软件商。面对这种责任转移所带来的新风险，保险公司需要推出相应的保险产品。

随着自动驾驶汽车快速发展，未来的道路模式将演变为"汽车即服务"，没有驾驶员的网约车将成为道路的主要占用者。在这种情况下，保险公司将根据车辆的使用频率来确定车险的价格，同时将与汽车生产商建立密切的合作关系。

如果自动驾驶车辆在行驶过程中发生碰撞、刮擦等事故，投保人只要将车辆的损坏情况拍摄成流媒体视频，就可以获得损失状况描述和估计获赔金额。如果车辆受损不严重，自动驾驶车辆会自动行驶到附近的维修厂进行维修。保险公司的自动客户服务应用会根据与索赔、欺诈、医疗服务、保单和维修系统相关的自学脚本，通过文字、语音等形式与投保人沟通，自动处理理赔事宜。

其次，在车险查勘定损方面，在5G技术及相关应用的支持下，车险查勘定损效率将得以大幅提升。过去，车辆发生事故后，保险公司会派工作人员前往现场进行勘验，整个过程耗时比较长，成本比较高。随着移动互联网不断发展，智能手机实现普及应用，事故发生后车主可以通过手机App自主报案，极大地提高了事故处理效率。但一些大型车辆出险后需要维修，可能因为无法及时获得配件需要等待较长时间，即便维修人员能够在最短的时间内到达现场，也需要先按照保险公司的要求拍照，这个过程又要耗费不少时间，可能会极大地消耗客户的耐心。而在5G技术的支持下，大型车辆会配备记录仪，发生事故后司机可以立即将相关视频、操作信息等传输至保险公司，实现远程视频定损，从而极大地提高定损效率，同时司机也能自主选择修理厂，无须在理赔报案方面耗费太多时间与精力。

目前，已有很多保险公司在积极布局视频定损，如表3-2所示。

表 3-2　视频定损领域的四大代表性公司

公司	视频定损布局
中国人民保险集团	在定损硬件方面投入了大量人力、物力，通过自主研发与外部采购等方式获得了多种事故车检测工具，能够在不拆检的情况下明确车辆损失，从而提高理赔质量
太平洋保险	太平洋保险的"太畅通"小程序设置了一键视频功能，支持用户直接与后台核损人员对接，在后台核损人员的指导下自主完成查勘定损
平安保险	平安保险的"智能保险云"上线了"智能认证"与"AI智能闪赔"功能，可以实现实人、实证、保单三合一的"实人认证"，提高查勘定损以及理赔效率
众安保险	众安保险推出"马上赔"，为用户提供图片定损服务，即车辆发生故障后，用户上传车损图片，后台工作人员会立即完成定损与赔付；还为用户提供视频理赔服务，即车辆发生故障后，用户通过视频的方式与保险公司的负责人联系，辅助负责人完成远程查勘定损，在短时间内获得理赔

第4章

数智实践：保险企业数字化转型

一、理念革新：构建数字化转型战略

随着新一代信息技术的快速发展和广泛商用，智能化的时代拉开帷幕，各行业领域纷纷将数字化作为适应新时代发展的顶层战略，不断加强现代化科技的应用，以实现自身更好的发展。在保险领域，保险业要积极利用新一代信息技术变革行业发展模式，重构行业竞争格局，打造高效、开放、数字化的保险行业生态圈，为我国经济的数字化转型作出贡献。

保险公司应当抓住机遇，将新一代信息技术应用于自身发展的各个领域，制定全面数字化、科技化的战略规划，推动经营理念、技术布局、组织架构、发展策略、管理模式的变革升级，进而推动产品服务的数字化、智能化迭代升级，实现全方位、全产业链条的数字化升级，提升自身的竞争实力，最终实现自身的可持续发展。在经营理念革新方面，主要可以从以下几方面入手。

1. 强化企业数字化转型共识

数字化转型是指利用一系列数字技术为企业的业务模式、组织架构、内部流程赋能，促进企业内部各部门、各领域实现升级改造，最终实现企业的高质高效发展。

保险企业作为保险市场的主要参与者，应当认清保险市场的现状以及未来发展趋势，深化数字化发展意识，积极运用数字化技术变革原有的管理模式、知识体系和企业文化，打造数字化的组织与机制，培养数字化人才队伍，营造数字化的发展环境。同时，保险企业要突破内部壁垒，实现各部门、各系统、各领域的互联互通，同时结合市场变化和用户需求制定高效、动态的发展策略，提升自身的竞争优势。

2. 从业务视角转向技术视角

传统保险企业的发展思路通常以业务为中心，发展策略也是围绕如何提升业务绩效来制定，但随着社会的不断进步，传统以业务为中心的发展模式逐渐进入瓶颈期，保险企业不得不寻求更高效的发展路径。

保险企业可以积极运用现代化信息技术为自身业务赋能，将发展重心由提升业务向打造核心技术转变，推动新兴技术与业务实现深度融合，实现业务全面创新。此外，保险企业要借助信息技术的优势加强与客户的联系，为客户提供更加个性化、人性化的服务体验。

目前，很多国际领先的保险企业已经制定了明确的数字化转型战略，并取得了可观的成绩，这也表明了在保险企业开展数字化转型的过程中，先进技术的使用极为重要。

3. 把数字化转型作为"一把手"工程

从其他行业数字化转型的经验来看，数字化转型并非对信息技术的简单应用，也并非一项简单的信息技术项目，而是需要将新一代信息技术与企业文化、组织架构、业务流程、管理模式、商业模式等进行深度融合，是从公司战略层面进行的一项"一把手"工程。

因此，保险企业开展数字化转型，要从全局视角出发，发动企业全体部门，统筹制定全方位的数字化转型战略，具体措施包括以下几方面：

- 基于企业发展现状和发展目标，制订科技发展全局规划，深化数字化技术与战略、文化、组织、能力四大关键领域的融合，推动业务创新升级，提升业务效率和品质。
- 根据整体的数字化转型战略，强化数字基础设施建设，加强数字化人才培养，推动组织架构优化变革，促进保险技术与数字技术有机融合，全面提升自身的数字化能力。
- 加强数字创新机构建设，强化自身与外界技术机构的联系与合作，积极学习相关技术的底层逻辑，同时大力引进先进技术，持续提升企业内部的技术水平。
- 制定合理的发展策略，吸引外部投资，同时结合技术孵化等手段，创新研发适合自身发展的保险科技。

二、技术布局：锻造硬核科技能力

新一代信息技术应用于保险业中能够突破保险业的发展瓶颈，为保险业带来更多、更新的价值创造点。其中，大数据、区块链、人工智能等技术与保险业的应用场景有着较高的契合度，这几项技术的应用将为相关的保险业务带来深刻变革，从而为保险企业创造新的价值。

此外，随着新一代信息技术的应用，数据中台的重要性日益凸显，因此，保险公司应当持续提升自身的科技能力，将技术与场景深度融合，搭建强大的数据中台，打造数据与科技驱动的新型业务发展模式。

1. 以大数据技术赋能产业价值链

保险企业想要利用大数据技术重构产业价值链，必须做好以下三点：

（1）做好数据搜集与整理工作

保险公司要发挥大数据技术的优势，促进企业内部数据的互联共享，同时打通保险行业与外部相关行业之间的数据壁垒，然后借助大数据技术对保险相关的海量数据进行多渠道、多维度收集，包括用户信用数据、病历信息、网络使用数据等，并对这些数据进行筛选整理，提取有价值的数据，形成保险大数据库。

（2）做好数据分析工作

保险公司要秉承实用、具体的原则，借助大数据技术对收集整理好的海量保险数据进行全面、精准分析，这样一方面可以帮助业务人员更好地了解客户的保障需求，从而进行精准营销；另一方面可以帮助管理者更加明确公司的发展现状，并根据数据分析结果优化管理决策，提升公司发展效率。

（3）强化观念转变与人才支持

保险公司要不断深化数字发展理念，从公司文化建设到经营决策制定，都要始终围绕数字化的理念，从根本上推动公司的数字化改造。此外，保险公司要加强人才培养，特别是对大数据平台开发工程师、大数据算法专家等的培养，从而从人力资源方面提升保险公司的竞争实力。

2. 加快区块链技术运用

区块链技术是一种数据分布式存储技术，具备去中心化和数据难以篡改两大核心特点。区块链技术应用于保险业中，可以大幅提升数据的安全性与可靠性，一方面可以帮助保险公司获取准确的客户信息，从而防止骗保等行为的发生；另一方面可以帮助客户很好地了解保单相关内容，同时在申请理赔时能够第一时间得到准确的赔偿，最终保护保险公司和客户双方的合法权益。

但值得注意的是，区块链在使用过程中会遇到分布式架构中的 CAP 原理现象，"CAP"指的是一致性（Consistency）、可用性（Availability）和分区容错性（Partiton tolerance），CAP 原理是指这三个特性无法同时满足，最多只能同时满足两项特性。因此，保险公司要注意取舍，根据业务特点和发展需求慎重选择。

此外，随着保险数据存储量的持续增长以及共识机制的不断复刻，区块链系统需要具备足够的容量才能给予支持，因此，打造具备较强可伸缩性的区块链系统也非常重要。

保险公司要加强对区块链技术的研究，加大对创新趋势的关注度，结合区块链技术在保险行业中的应用场景持续加强技术研究，同时完善保险监管体系，让区块链技术能够充分发挥其去中心化、数据不可篡改、开放、安全、共享等优势，实现区块链技术与保险业务的深度融合，形成区块链保险的新型发展模式。

3. 利用人工智能技术推进智能化战略

保险公司要顺应当前智能化时代发展的趋势，积极利用人工智能技术，推动业务流程、数据模型、企业文化等方面实现智能化升级，促进企业发展策略和产品服务的优化变革，提升自身竞争实力，最终创造更多的价值。

不过，保险企业利用人工智能技术实现自身的智能化演变并非一蹴而就的事情，而是一个需要长期坚持且不断调整的过程。因此，保险企业首先要明确业务目标导向，围绕业务的实际需求，有针对性地引入或建设人工智能模型。此外，保险公司要制定合理的人才战略，加大力度引进技术型人才（包括数据工程师、数据科学家、人工智能专家等），同时着重培养员工的技术素养，要求从公司高管到具体执行人员都具备一定的人工智能技术运用能力，并根据业务和公司发展需求设置首席人工智能官（Chief Artificial Intelligence Officer，CAO 或 CAIO）等职位，以强化企业自身的数字化发展能力。

4. 搭建强大的数据中台

数据中台实际上是一种数据管理和应用的体系，它能够借助保险科技，对海量保险数据进行筛选、整合、分析、应用，最终将数据转化为价值。具体来看，数据中台具有以下三方面的作用：

- 打通公司内部系统之间、公司与公司之间、保险行业与其他相关行业之间数据的互联共享，帮助保险公司明确自身经营过程中产生的数据，并助力其实现数据的全面采集、分析和应用。

- 可以通过数据清洗、治理、加工等手段，对数据进行筛选整合，提取有价值的数据，并通过先进的数据分析算法对数据加以分析，发挥数据深层的价值，使其转化为数据资产，为公司创造更多价值。

- 将大量离散的、应用价值低的数据进行整合加工，使其协同发挥作用，通过数据分析进行风险预测、风险评估、客户需求预测等，提升数据的服务能力，推动保险公司从人力、产品驱动向数据、技术驱动转型。

三、组织进化：重构数字化管理模式

在各个行业纷纷开展数字化转型的背景下，保险企业也要根据自身类型、发展特点、发展现状、战略目标以及市场行情等利用新一代信息技术推动自身组织架构和管理模式的变革，以实现高质量发展。具体来说，保险企业可以通过以下几项措施来推动组织进化。

1. 搭建数字化管理架构

保险公司要积极运用数字化技术为自身的管理机制赋能，一方面要搭建高效、扁平、结果导向、具备快速创新迭代能力的数字化管理架构，代替传统的竖井式管理架构，以提升公司的管理效率；另一方面要转变考核激励机制，创建面向结果的、更加高效快速的考核激励机制，提升员工工作的积极性和主观能动性，发挥员工的深层能力，提升公司业绩和发展活力。

此外，保险公司还要不断强化复合型人才的培养，或借助新一代信息技术创建具备数字化复合能力的计算机系统，以提升企业的价值创造能力。

2. 组织架构应采取差异化策略

保险公司要根据自身规模和发展特点，采取合适的发展策略，以优化企业的组织架构。例如：

- 大型保险公司拥有相对雄厚的资金和技术实力，可以采取成立子公司的方式将原有的互联网业务部门和IT部门分离出来，成立互联网保险公司或保险科技子公司，同时在新成立的公司内部打造新的数字化架构，利用科技为集团提供价值，在不影响集团业务发展的前提下，推动集团的数字化创新。
- 中型保险企业或者具备明确战略的企业可以成立数字化委员会，将数字化转型作为一项重要的战略来执行，并设置专门的数字化转型预算，开辟数字化转型绿色通道，为企业数字化转型提供保障。同时，企业需要制定相关激励政策鼓励员工进行创新。
- 小型保险企业的技术和资金实力相对薄弱，对这些企业而言，系统化创建数字化的创新组织和机制成本高、压力大，效果可能也并不理想，因此企业可以根据具体的项目来创建具体的数字化创新小组，从具体项目入手开展数字化转型，这样的转型方式不仅成本低，而且可以很好地为企业积累经验，为全面开展数字化转型奠定基础。

3. 前中后台组织变革设计

保险公司要结合前中后台的不同职能，有针对性地推进前中后台的组织变革。

一方面，前台由于直接连接用户终端，对保险科技的应用较为深入，因此，保险公司变革组织架构可以从前台入手。依托统一的数字化平台，推动多种保险科技与业务流程实现有机融合，打造事业部制的组织结构。

另一方面，中后台各部门要结合前台部门的业务需求，推动部门组织结构和策略的优化改进，其中，人力部门和财务部门要根据公司发展战略准确、有序地投入人才和资金；运营部门要加强大数据、人工智能等技术的研究和应用，不断研发适合前台业务的保险科技，为前台业务的正常运转提供技术支撑；产品开发部门要与各部门加强合作，通过数据分析全面了解客户的真实需求，并据此研发更具个性化的保险产品。

四、因地制宜：数字化转型的路径选择

保险公司通过科技赋能开展数字化转型，要综合考虑自身定位、业务模式、科技发展水平、战略目标等因素，权衡选取合适的路径。保险企业常见的数字化转型方式有三种（如图4-1所示）：一是自主研发保险科技，主要适用于处于发展成熟期的保险集团公司；二是投资先进的科技公司，主要适用于具有一定规模且发展战略清晰的保险公司；三是采购第三方科技企业的技术或将企业的技术业务外包，主要适用于战略定位尚不明确且处于发展初期的保险公司。

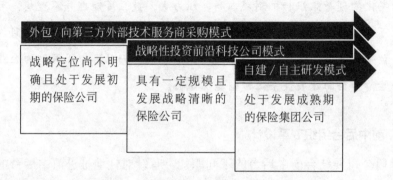

图 4-1　保险企业数字化转型的常见路径

1. 自建／自主研发模式

这类公司通常具备强大的技术和资金实力，因此，这类公司可以设立独立科技子公司，深入研究相关的底层科技，如大数据、区块链、人工智能、自然语言处理等技术；再根据集团各个子公司的业务需求，有针对性地进行科技赋能，打造基于科技的保险价值链，最终实现集团的数字化转型。

此外，这类公司还可以向保险产业链的科技公司进行投资，或对其进行孵化，将其纳入集团名下，打造集团内部基于科技的价值链闭环，进一步提升自身的竞争实力。传统保险公司与保险科技公司之间开展合作，通过协同创新能够有效地推动保险行业的数字化转型。目前，越来越多的传统保险公司（包括

平安保险、安盛保险、万通保险等）认可并积极参与跨界合作，为其他保险公司与保险科技第三方平台合作带来了良好的开端，为未来保险行业全面实现数字化发展奠定了基础。

2. 战略性投资前沿科技公司模式

这类公司通常将数字化发展的理念融入公司战略中，同时成立相关领导小组或委员会，与IT部门协同配合，综合考虑公司的数字化经营需求、IT基础建设现状、数字化战略目标等来调整优化公司的基础架构，并合理进行科技赋能，通常根据业务链条从自上而下和自下而上两个层面来开展。

此外，这类公司也要注重发挥数据资产的价值，可以通过相关技术手段建设并提升自身的数据能力，实现数据驱动的发展模式。在业务层面，公司可以借助大数据等技术对运营服务数据和销售数据进行整合分析，以降低运营成本，提升销售效率；在技术路径方面，公司可以对相关成功案例进行分析，掌握其中的技术使用原理，并结合目前的发展情况和需求合理运用新技术，以实现降本增效。

3. 外包/向第三方外部技术服务商采购模式

这类公司首先要认真审视自身定位，加强对业内先进企业以及行业外相关企业的了解，突破行业边界，积极与其他相关机构开展合作，直接采购外部相关技术，或采购后结合自身需求创新研发合适的保险科技，以加强自身的IT基础能力建设。同时，这类公司由于处于发展初期，自身战略定位不明确、发展实力较差，因此要走轻资产道路，即要始终围绕自身的核心业务来发展，可以将非核心业务外包出去，从而降低不必要的成本，实现自身快速发展。

此外，由于这类公司市场份额较小、实力相对薄弱，要想实现自身的持续发展，就需要与其他实力相当的企业加强合作，共同搭建保险数据共享平台，依托这一平台创新研发相关保险科技，并通过实践和应用持续优化保险科技，为自身数字化转型奠定良好的技术基础。同时，这类公司也要加强与科技公司之间的合作，并搭建开放的信息交流平台，以促进各参与者之间的信息交流，为推动企业保险科技的迭代升级提供条件。

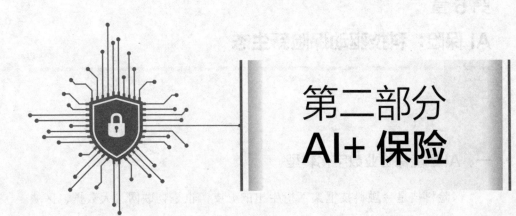

第二部分
AI+ 保险

第5章
AI 保险：科技驱动保险新生态

一、AI 赋能保险业数字化转型

保险科技是金融科技框架下衍生出的分支，也是物联网、大数据、区块链、云计算、人工智能等新兴技术与保险行业的结合品，既有保险行业的经营管理特征，也具有数字化特性，能够利用多种数字化技术为保险产品的设计、研发、营销、理赔等环节赋能，最大限度地发挥保险产品的经济保障和风险管理作用，进而推动整个保险行业快速发展。

随着科学技术的进步，保险行业与各类先进技术的融合逐渐深入，保险科技成为保险行业未来发展的重要方向。社会的发展促使人们对于保险产品和保险服务的需求逐渐趋向多样化、定制化、智能化和高效化，而传统的保险产品难以满足新时代的消费者需求，因此保险行业需要积极融合科学技术，创新保险产品，优化保险服务，从而为消费者提供更加多元、高效、便捷的服务。

现阶段，人工智能已经逐步摆脱了原本依赖于人工设置目标任务流程的基础学习方式，打破了人类表达的局限性，基本实现了自我学习、自我修复以及自动调整参数和结构，让人工智能技术有了更深的应用深度和更广的应用范围，能够应用于金融、教育、医疗、交通等诸多领域，在不同的应用场景中充分发挥作用。

尤其是保险行业，人工智能算法的应用能够对经营流程和经营模式进行优化升级，并以提高保险效益为主要目标不断加强新型保险产品的开发，从而加快保险行业转型的步伐，进一步优化保险行业的服务方式和经营模式，帮助保险行业和保险企业解决经营发展中普遍存在的难题，以科技赋能保险行业全价值链，加强对智能化技术的应用，以发挥出更大的协同效应。

在保险行业中，人工智能技术主要用于处理、归纳、总结数据，并将由算法驱动的机器学习转化为由数据驱动的深度学习。人工智能能够利用高级仿生学知识进行基于人工神经网络的建模设计，提高数据模型的灵活性，并自动提取潜在的有价值的数据信息，根据这些数据信息的特征打造有序规则集（Ordered rule set），从而提高人工智能数据模型决策的高效性和科学性。

算法、算力和数据是人工智能技术发展的三大要素，其功能如表5-1所示。

表 5-1　人工智能技术发展的三大要素

要素	功能
算法	算法模型能够提高人工智能系统进行训练和学习的自主化程度，并利用自动调整功能充分满足日渐多元化的应用需求
算力	算力强大的人工智能算法能够快速处理数据，实现低成本的数据存储
数据	数据量是影响人工智能算法准确性的重要因素，一般来说，人工智能应用的数据越多，其结果的准确性就越高

随着人工智能技术的不断进步，各种相关应用将会在保险领域发挥更大的作用，人工智能将会成为促进保险业转型升级的关键驱动力，保险科技的相关应用也将越来越广泛，并逐步形成价值链与产业链协同发展的新型保险产业体系。

二、"AI+ 保险"的应用基础

AI技术的应用能够解决保险行业中的发展难题，因此许多互联网企业纷纷投资发展"AI+保险"，并凭借自身的技术优势抢占发展的先机。目前，许多保险公司也投入大量资本用于提高保险产品的智能化水平，比如中国平安保险、中国太平洋保险集团、泰康在线、众安保险等。

随着我国传统保险企业对人工智能技术的投入力度不断加大，人工智能技术已逐渐渗入保险行业的各个环节，并加快了保险业革新服务方式的步伐，提高了保险互助机制的安全性、公开性和高效性，推动保险行业进入全新的智能化发展时期。

1.AI 技术的主要特征

具体而言，AI技术具有以下五个方面的特征，如表5-2所示。

表 5-2　AI 技术的五大特征

特征	具体内容
大数据驱动	人工智能技术的发展离不开数据、算法和算力。从数据上来看，人工智能需要利用大数据技术采集、分析、存储数据，从海量数据中获取有价值的信息，并将这些数据用于算法模型训练来提高人工智能应用的精确度，以便研发更多更先进的人工智能产品，进而促进人工智能技术的落地和广泛应用
跨媒体认知	随着科技的不断进步，媒体数据感知与分析逐渐转变为融合语音工程、图像识别、自然语言处理等多种感知技术的跨媒体综合推理技术，能够通过将系统外的信息转化为统一建模语言来进行数据信息的多界面认知，从而实现对具有人工智能属性的复杂知识结构的多维度、跨时空表达
人机协同融合	人工智能可以利用算法模型模拟人类的学习方式，进而实现人类在信息感知、分析、推理等方面的学习行为，获取新的知识和技能，实现运作水平和技术性能的提高。基于人工智能技术的智能机器模型是一种能用与人类相似的方式作出反应并进行工作的智慧化机器模型，能通过学习不断提高自身的协调管理能力和问题解决效率，并通过智慧化的人机协同交互提高决策水平，逐步实现智能决策
聚集群体智能	人工智能能够聚集群体的智慧实现群体智能决策，具体来说，人工智能可以通过整合大量群体智慧来扩大可选择的决策范围，从而避免个体决策带来的主观片面性，提高决策的准确度和质量
智能自主化	人工智能可以利用深度学习神经网络，构建具有智能化、自主化特点的系统，并以智能技术赋能算法，不断深化算法模型对数据的理解，提高算法模型自主处理数据信息的能力

2. "AI+保险"的应用基础

保险行业属于数据密集型行业，其发展对数据有着极强的依赖性，而人工智能是一种利用大数据进行发展和应用的技术，在数据密集型行业中往往能够发挥出更大的作用。由此可见，将人工智能应用于保险行业能够推动保险行业快速发展，具体来说，人工智能可以利用大数据分析技术分析保险数据，整合分析结果，并根据分析结果为保险行业设计算法数据模型，实现数据赋能保险，并驱动保险行业创新发展。

算法模型由于不断利用大量行业数据进行深度学习和训练，其成熟度和应用的准确性均得到大幅提升，能够在保险行业中发挥出巨大的应用价值。具体来说，人工智能算法模型在保险行业的应用有助于加强保险行业对数据的重视，让保险行业充分把握自身数据优势，发挥数据的潜在价值，并打造完整的数据链，从而解决产品定价、营销、理赔等各个环节中的问题，同时也能促进人工智能技术在保险领域的发展。

三、基于 AI 算法的保险产品创新

目前，保险行业在快速发展的同时也暴露出其在产品研发、产品营销、保险防诈等方面存在的问题，如表 5-3 所示。

表 5-3　保险行业面临的三方面问题

领域	具体问题
产品研发	保险行业难以针对不同的客户设计个性化的保险产品，这使得保险产品同质化严重
产品营销	营销渠道和营销手段较为单一，通过中介进行推销的营销方式不利于客户全面深入地了解产品
保险防诈	缺乏有效防范保险欺诈的方法和技术，仅依靠线下中介进行判断难以满足保险行业的防诈需求

随着人工智能等新兴技术的快速发展，由新兴技术与保险融合而成的"保

险科技"大大拓展了保险的服务范围，逐渐成为保险行业在世界范围内发展的新方向。例如，大数据和机器学习算法与保险业的融合能够透视客户投保需求，并在客户需求的基础上进一步实现产品定价差异化、内容推荐精准化、风险控制有效化、在线产品设计个性化等，从而帮助保险企业精准获取客户；人脸识别技术与保险业的融合能够实现身份验证功能，有效防范保险诈骗；AI技术与保险业的融合能够利用语音识别、图像识别、机器学习和自然语言处理等功能有效简化保险流程，并在优化用户体验的同时减少成本支出。

从本质上来看，保险是一种用于分摊意外事故损失的财务保障制度，保险消费者需要以自身的风险偏好、实际收入、职业类型、生活环境等多种因素为依据选择适合自己的险种和投保方式，但由于市场上的保险产品种类较少，而消费者的需求较为多样化，因此单一的保险产品并不能满足不同消费者的投保需求。

不仅如此，传统保险在产品定价、研发、销售等各个环节还有许多不足，主要表现在以下两方面，如表5-4所示。

表5-4 传统保险的两方面不足

不足	具体表现
以产定销	保险企业在编制保险产品销售计划之前会先让保险精算人员根据收支相等原则和大数法则等原理统计计算历史损失频率和损失幅度，再根据消费者需求设计保险产品，然后制定生产指标，最终保险营销人员根据基于生产指标编制的销售计划进行营销
保险产品性价比低	不同保险产品的保费、保额、保障责任范围各有不同，部分保险产品具有保费高、保额低、保险责任范围小等缺陷，这导致保险消费者即便花费高昂的成本也难以达到自身的保险目标，不得不购买更多不同的保险产品来满足自身的保障需求

而人工智能的算法定价模型能够通过对保险企业中的大量个人信息和保险数据进行学习来提高风险识别和量化能力，实现准确的产品定价和费率厘定以及更全面的保障范围，从而根据保险消费者的保单信息判断其实际需求，并给

出最合适的产品解决方案，在"AI+保险"模式下为消费者提供具有针对性的服务。

同时，人工智能算法定价模型的应用也有助于实现产品创新，能够提高保险产品的丰富性，打造全面覆盖客户需求的保险保障产品体系，借助更好的产品来获取客户，从而进一步扩大保险产品的社会覆盖领域。

四、构建"AI+ 保险"新业态

为了实现智能化、个性化、高效率的保险服务，许多保险企业积极投身于人工智能技术与保险融合应用的研究中，并在前期投入大量成本用于产品研发和营销队伍建设，但大多数保险企业更重视对保险营销、智能保险顾问等的研究，忽视了对保险经营环节的研究。

现阶段，不仅有中国人寿、中国人保、平安等老牌保险企业在积极探索人工智能技术的相关应用，还有许多新兴保险科技企业也涉足"AI+保险"模式的应用实践，但这些新兴保险科技企业的研究更侧重于人工智能在车险领域的应用，对寿险、健康险等其他险种的研究并不多。因此，保险企业要加大科技投入，以科技推动保险升级，促进人工智能技术与保险产业链的全面融合，有针对性地补齐保险产业链中的短板弱项，打造全面科技创新的保险产业链。

传统保险业务具有流程烦琐、手续复杂、周期长、透明度低等缺陷，且传统的保险公司也存在经营效率低、过分重视市场利益、忽视客户体验等问题，这些缺陷和问题不仅为消费者投保带来了许多不便，也让消费者难以了解清楚合同中的所有内容，严重影响了用户体验。

在"AI+保险"模式下，保险企业能够利用各种人工智能应用为消费者提供更加优质的服务，比如保险企业可以利用人工智能机器人与客户进行沟通，从而帮助客户了解保险方面的知识，并在沟通中获取客户的相关信息，通过分析这些信息掌握客户的保险需求，进而为客户提供具有针对性和个性化的保险产品，除此之外，沟通也有助于提高客户黏性，优化客户的体验，从而为公司留住更多客户。

一般来说，每个保险公司都是一个独立运作的系统，具备包括产品设计、研发、销售、流通、服务等所有环节在内的完整的价值链，而通常价值链的运作效率越高，保险公司所能够获取的利润就越大。

随着人工智能在保险领域的应用范围越来越广，人工智能技术与保险行业的融合也逐渐深入，保险行业已经实现保险定价、精准营销、智能理赔等多种智能化应用，人工智能技术也已经能够在整条价值链中发挥作用，全面提高保险公司价值链的运作效率。在未来，人工智能技术的应用将会重塑保险价值链，让保险企业能够全方位了解用户的保险需求，从而为用户定制个性化的保险管理系统。

保险是一种无须生产，只需要经过设计、开发、改良和组合等环节就可进行销售的金融商品，因此保险行业若要提升价值链运行效率，就必须重视客户体验，以客户为中心进行经营和管理。具体来说，保险行业可以利用大数据进行用户分析，精准掌握用户需求，并提取和整合有价值的数据信息利用人工智能算法模型进行深入分析，从而升级保险行业外部价值链，利用人工智能技术为保险行业高质量、高效益发展注入科技力量。

第6章
实践应用：AI 重塑保险价值链

一、智能定价：个性化产品定价

随着我国社会经济的高速发展和人民生活水平的不断提高，人们的风险管理意识不断增强，对保险产品的需求和要求都越来越高。从保险消费者的角度来看，需要购入全方位、多层次的保险产品来为自己提供保障；从保险企业的角度来看，由于目前的产品定价缺乏差异性，产品同质化现象严重，大多数保险产品难以满足消费者的需求，甚至部分保险公司采用保险返佣、调整产品价格和手续费等方式进行恶性竞争，使得优质客户的权益得不到保障。

保险产品定价是保险营销学的重要内容，科学、合理、准确的保险产品定价有利于保障投保人、保险人以及保险公司的利益。在信息时代，保险公司可以利用大数据、人工智能等先进技术采集和分析保险消费者的年龄、生活习惯、历史投保信息等个人信息，进而了解其投保偏好，以便为其打造个性化的保险产品和投保方案，并提供差异化定价，从而通过产品定制和差异化的产品定价提高保险产品的针对性，切实满足消费者需求。

以寿险精算定价为例，大数据和人工智能等新兴技术的应用有助于保险企业根据保险消费者的个人实际情况进行定价，能够有效提高寿险精算定价的精准性和针对性。除此之外，在出境意外险产品定价过程中，保险企业也可利用大数据和人工智能等新兴技术来根据客户的目的地和出行情况提供保险产品和定价策略，实现产品定价差异化。具体来说，不同的目的地存在的风险也是不同的，如果客户的目的地是医疗费用较高的国家和地区，那么就要提高医疗意外险的理赔比例；如果客户的目的是医疗福利较高的国家和地区，那么就要提高财产损失保险的理赔比例。

目前，车险是我国产险市场中的最大类的险种之一，传统的车险定价通常只参考被保险车辆的车型、车龄、车辆配置、出险次数、出险金额等因素，定价模式以较为单一粗放的"从车"定价为主。例如，从车型上来看，宝马车的基础保费远高于捷达车；从配置上来看，宝马7系的基础保费远高于宝马3系。但"从车"定价的方式缺乏对车主个性化差异的考量，不利于保险公司实现精细化经营。

随着大数据、人工智能等新兴技术在保险领域的应用越来越深入，保险公司能够掌握更多更全面的客户个人信息数据，从而通过数据分析实现以人为中心的风险分析，提高风险分析的准确性，并将车险定价模式由"从车为主"转向"人车结合"，提高定价的个性化程度。

二、智能服务：成本、效率与体验

现阶段，大部分保险公司仍然主要采取人工在线解答和电话问答等方式向客户提供理赔咨询、客户指南和保险产品导购等保险咨询服务。但这种服务方式极易受到保险公司的人力资源、咨询窗口和工作时间等因素的限制，不仅无法及时处理用户咨询的问题，还要花费大量的人力成本，不利于保险企业的经营和发展。

随着人工智能技术的发展，智能客服机器人将逐渐被应用于保险咨询服务领域，智能客服机器人融合了知识图谱、机器学习、自然语言处理等多种先进技术，既能够全天候解答用户咨询的问题，也能通过解答问题实现自主学习，不断提高问题解答能力，扩大解决问题的范围，从而在优化用户体验的同时为保险公司节省人力成本。

由此可见，人工智能技术将成为促进保险行业快速发展的重要驱动力，人工智能在保险领域的应用也将成为未来保险行业探索研究的重点。

以泰康在线发布的智能保险机器人"Tker"为例，该款保险机器人具有大数据分析系统、自然语言处理系统等多种新兴技术系统，能够为用户提供自助投保、保单查询、业务办理、人机协同、视频宣传等多种智能化服务，并为保险企业节约人工成本，优化用户体验。

人工智能的发展和应用将不断革新保险行业的经营模式和服务方式，对于保险行业来说，要把握技术进步带来的机遇，借助新科技的力量推动整个行业创新发展。

三、智能理赔：提升保险理赔效能

一般来说，在保险理赔环节，客户要在线下向保险公司递交申请材料，经过保险公司审核无误后才能领取赔付款，而保险公司的审核流程十分烦琐，具有效率低、周期长、准确率低、安全性低、管理难度大等许多不足之处，因此客户往往要在理赔环节花费大量的时间和精力，体验感较差，但这些不足之处也意味着保险行业拥有巨大的发展空间。

互联网技术在保险领域的应用在一定程度上为保险公司实现远程定损提供了技术支撑，而深度学习、图像识别等人工智能技术的发展和应用则进一步提高了远程定损的准确率，加快了保险行业推进远程定损自动化的步伐，为远程定损的商用推广打下了稳固的基础。

一方面，保险公司可以利用互联网、人工智能等技术将理赔流程中的各个环节从线下迁移到线上，让客户只需通过在线理赔入口就可将理赔所需的单据和发票等材料提交给保险公司，实现自动化理赔，从而为客户提供当日赔付服务或闪赔服务，优化客户体验。

另一方面，人工智能融合了图像识别、语言识别、计算机视觉等多种先进技术，能够利用数据模型和分析平台对事故现场情况、物品损坏程度等进行高效率、智能化、自动化的对比分析，并制定科学合理的定损方案，实现高效理赔，与此同时，人工智能还能通过学习算法建立欺诈风险预测模型，帮助保险公司避免欺诈性索赔。

可以说，人工智能技术在保险领域的应用，能够在一定程度上解决保险行业长期存在的保险理赔流程复杂、手续烦琐等问题。近年来，许多保险公司不断加大在开发和升级人工智能理赔应用方面的投入，积极利用人工智能技术赋能保险理赔业务。

四、智能风控：助力保险反欺诈

在传统的保险行业中，参与保险活动的各个主体各自获得不同的信息，且大多数投保人和保险企业对信息的掌握并不全面，因此常常出现骗保、倒卖信息、合同造假等事件。据国际保险监管者协会测算，全球每年约有20%～30%的保险赔款涉嫌欺诈，损失金额约800亿美元。由于保险欺诈套路繁多、防不胜防，保险欺诈案件频频出现，这不仅大幅拉高了保险行业的理赔成本，也严重损害了被保险人的利益，阻碍了保险行业健康发展的步伐。

随着物联网、云计算、区块链、人工智能等先进技术在保险理赔领域的应用越来越深入，保险行业有了更多更有效的反欺诈技术，大幅提升了对保险欺诈手段的识别、监控和决策能力。

基于机器学习与大数据的量化决策模型打破了传统反欺诈方式在数据等方面的局限，即便面对未知的欺诈模式也能有效识别欺诈风险，同时能够定位多项保险欺诈行为，从而优化理赔流程，提高保险理赔的合理性，并帮助保险企业减少在理赔方面的成本支出。

以车险理赔为例，保险公司可以借助机器学习模型精准计算出所有维修项目和配件的各项指标的出险概率，并对理赔案件进行定位，同时利用监控向查勘员、定损员和服务商等人员发出提醒。除此之外，该模型还可作用于健康险报销理赔领域，能够通过采集和分析患者的易感疾病、既往病史等信息来判断报销记录的真实性和可靠性。

保险行业可以利用人工智能和图像识别技术对申请报销的图像资料进行分析鉴伪，从而解决保险欺诈问题。

以生鲜冷链物流保险为例，当用户使用网络上的生鲜产品照片作为索赔依据时，保险公司难以依靠肉眼来辨别真伪，但可以借助图像识别和人工智能鉴别技术来对该照片进行快速准确的鉴定，从而保障投保人的利益，这种智能化的风险防控方式能够在网络电商保险领域发挥重要作用，充分满足电商行业的保险需求。

除此之外，人工智能技术还可作用于传统寿险领域，基于人工智能、图像识别和活体识别等技术的保险应用能够根据照片与真人在瞳孔、虹膜等方面的细微差别精准判断出被保险人是否身故，从而避免出现被保险人死亡而家属冒领生存金的情况。

在车险理赔方面，保险公司可以借助融合大数据、物联网、区块链等多种技术的智能化防诈应用来规避理赔欺诈风险，并通过整合和分析大量相关数据信息发现异常采购等行为，从而找出风险较高的客户和修理厂。不仅如此，互相融合的物联网和区块链技术的应用还有助于保险公司实时掌握被保车辆的行车记录、行驶路径、行驶里程和实时操控数据等信息，并在出现事故时及时掌握事故发生的时间、地点以及事后处理时间等信息，从而有效避免保险诈骗。

五、智能运营：精准推荐与智能交互

保险产品是保险公司向保险消费者提供的可交易的金融产品和服务，它能够在风险来临时为被保险人提供经济补偿，一般具有流通性、多样性、复杂性等特点，因此保险公司在向客户提供保险产品时，需要充分考虑客户的实际情况和个人需求，辅助其选择具有针对性的、定制化的保险产品和投保方案。

而智能运营能够利用人工智能等技术手段和智能化应用进行产品推荐并辅助客户快速便捷地选择适合自己的保险产品，受保险产品的多样性、复杂性等特点的影响，智能运营将会有极大的应用空间和广阔的发展前景。

一般来说，智能运营可分为精准推荐和智能交互两大类。

1. 精准推荐

AI技术能够针对用户特点向其推荐定制化、个性化的保险产品、内容和服务。具体来说，保险公司可以先借助大数据技术挖掘和分析用户的个人背景、消费习惯、健康状态、保险意识等信息，并以此为依据绘制出精准的用户画像；再根据用户的实际需求整合各类保险产品，并从中选出针对性强、性价比高的保险产品，最后辅助用户完成投保。

2018年9月，国家发展改革委、科技部、工业和信息化部、网信办、中国科学院、中国工程院和上海市人民政府共同在上海举办以"人工智能赋能新时代"为主题的"2018世界人工智能大会"。会上，中国太保集团推出业内首个智能保险顾问"阿尔法保险"，"阿尔法保险"具有智能化、定制化等特点，能够通过AI+大数据进行智能计算，为客户量身定制个性化的保险方案，不仅如此，"阿尔法保险"还能利用保障缺口分析工具读取和分析客户已有的保障相关信息，从而进一步为客户制订合理的保障规划。

2. 智能交互

保险公司可以运用自然语言处理和多轮交互技术实现智能问答推荐和智能保顾，并充分利用在线数据、离线数据和上下文信息，进一步挖掘用户需求，最后利用智能导购机器人引导用户购买适合自己的保险产品。

智能机器人在保险服务方面具有高效便捷的优势，能够快速为用户提供服务，据中国金融新闻网报道，"阿尔法保险"上线当日访问量突破20万，上线一周年时访问量已接近600万。"阿尔法保险"能够利用深度学习算法提高自身的智能化水平，强化逻辑分析和判断能力，从而在保险营销活动中快速准确地掌握客户的个人需求和家庭状况等信息，并根据分析结果向其提供相应的保险方案和价格信息。"阿尔法保险"在保险领域的应用既能提高保险营销效率，也能节省时间，优化客户的消费体验。

2018年5月，我国首家互联网保险公司众安保险推出在线机器人"众安精灵"。"众安精灵"是融合了大数据、人工智能等多种先进技术的智能保险顾问，能够为客户提供保险条款定制、语音场景识别、家庭全面风险保障等多种智慧化服务，推进人工智能技术在互联网保险垂直领域的深入应用，促进保险经营和保险服务的创新发展。

在未来的互联网保险领域，保险行业将以保险消费者为中心简化产品条款、优化保险服务、丰富保险知识和内容、提高保险价格的合理性，从而为保险消费者提供更多的便捷，优化消费者体验。

第 7 章
"AI+ 保险"模式的问题与对策

一、监管：完善保险监管制度框架

随着人工智能技术与保险行业融合的速度越来越快，人工智能技术在保险领域的应用范围不断扩大，逐渐实现了为保险全流程赋能，并对保险行业的整个价值链进行重塑。不过，人工智能技术在为保险行业带来众多机遇的同时，也为保险领域带来了新的风险，而当前的法律法规已经无法满足保险行业在监管方面的需求。

目前由于人工智能在保险行业的应用缺乏对应的法律法规，相关监管部门难以对其进行有效、全面、专业的集中监管，因此人工智能技术在保险领域的应用存在许多监管漏洞，这既不利于保险行业规范运行秩序，也阻碍了整个行业转型升级的步伐。

在缺乏完善的法律法规的情况下，保险行业往往会面临更高的风险：从技术应用方面来看，由于人工智能技术还处在发展初期，缺乏足够的稳定性，也不够成熟，相关应用可能存在设计上的缺陷，因此可能会给保险企业带来法律层面的风险；从应用模式方面来看，"AI+保险"模式将人工智能融入保险行业，如果应用"AI+保险"模式的保险企业无法平衡好二者之间的关系，那么不法分子可能会借此漏洞实施非法集资、保险欺诈等违法行为，这将给保险企业带来经营层面的风险。

因此，政府和相关部门应加强对人工智能应用风险的重视，及时制定和完善法律法规，统一对人工智能应用的监管标准，规范市场运行，为保险行业进行风险防控提供有效的法律支撑，实现对人工智能和保险行业的有效监管。

1. 明确监管主体和监管准则

目前，关于人工智能的法律法规和行业制度还不完善，政府的各个监管部门也未充分履行自身的监管职责，导致人工智能技术的发展在法律制度和监管制度方面存在明显的短板。

为促进"AI+保险"模式有序发展，确保市场主体能够在法律法规、社会公德、商业道德和市场秩序的范围内规范经营、公平竞争，政府和监管部门必须完善相关法律法规，加强行业监管，具体来说，可以从以下三个方面入手，如表7-1所示。

表 7-1 加强行业监管的三大措施

措施	具体内容
明确"AI+保险"模式的监管主体	2017年5月15日，我国设立中国人民银行金融科技委员会来强化对金融科技的监管，并引导大数据、区块链、云计算、人工智能等新技术在金融领域正确使用。但由于保险产品具有特殊性，因此政府部门在构建保险监管体系时需要充分考虑保险产品的特点，兼顾公平性、标准性、包容性和适应性
明确监管准则，强调监管标准的灵活性	监管机构要加强风险管理，对人工智能技术的风险度进行精准高效的识别、分析和评估。在落实监管制度的过程中，监管机构要先通过在线测试定制保险单来进行算法的合法性审查，实现对算法定价模型费率计算精确度的检测；再借助对智能数据模型定期抽样测试和对模型输出结果进行分析的方式来判断产品应用的合理性，实现对产品营销数据的实时监管；最后还要与保险监管主体进行协商，针对人工智能和保险两个领域中存在的风险来制定和完善相关监管制度
重视信息安全问题，加强对访问权限的安全控制	监管机构应进一步规范保险公司的信息披露行为，为用户的个人信息安全提供保障，防止用户的个人信息被不法分子盗用，切实保护用户的人身和财产安全

2. 重视人工智能技术与保险的融合

国家应充分利用人工智能技术来最大化发挥保险的风险转移作用，以科技赋能保险，打造开放、融合、智能的保险生态体系，积极搭建"AI+保险"基础创新平台，在帮助个人、企业乃至社会进行风险防控的同时为保险行业的科技创新和发展提供支撑。

政府应采取多种手段推进人工智能技术与保险的融合，具体来说：首先，要加大在保险科技方面的资本投入，与保险创新企业合作建设"AI+保险"模式应用试点，并支持其在经营的各个环节中进行创新性战略布局；其次，要组建"AI+保险"统筹规划委员会来推进"AI+保险"战略的实施，解决人工智能技术与保险领域深度融合时可能出现的矛盾，确保人工智能与保险行业协调发展；最后，政府还应推动传统保险行业在保险科技的发展中转型升级，全面提高保险行业的运行效率，加快行业创新发展的步伐。

二、数据：破除数据应用痛点

保险行业若要充分发挥人工智能算法模型的作用，就必须挖掘、分析、识别和利用海量保险数据来进行机器学习和模型训练，进一步提升人工智能算法模型的性能，从而提升各类保险业务的处理效率和水平。

1. 保险行业的数据应用痛点

保险行业要借助人工智能技术实现保险科技创新还需解决以下三个关于保险数据的难题。

（1）缺乏保险数据支配权

由于保险数据常常被看作影响企业综合竞争力的重要因素，因此许多老牌保险公司通常会采用垄断和限制数据流通等手段确保自身在保险数据方面具有实际支配权，这导致一些保险科技初创企业难以获取足够的保险数据来满足算法模型机器学习的需求，进而影响预测结果的准确性。

（2）保险数据所有权归属不清晰

随着人工智能技术的深入应用，用户个人原始信息等数据资源的价值越来越高，保险企业需要采集和整合大量用户信息来搭建信息资源库，并在推进保险业务时从中查询和调用相关数据信息。在这种情况下，用户个人原始信息将会持续增值，因此保险企业必须明确保险数据的所有权主体，对数据的所有权、使用权、收益权和处分权等进行规范。

(3) 保险行业数据互不相通

保险行业中的几家顶尖保险公司往往掌握着大多数保险数据，但却没有一家能够掌握全部数据，因此难以形成数据闭环，各家保险公司在利用人工智能进行识别分析时缺乏数据支撑，最终影响结果的准确性。不仅如此，数据不完整还会对"AI+保险"模式在保险领域的应用和发展形成阻碍，不利于保险行业的创新发展。

2. 如何破除保险行业的数据应用痛点

保险行业拥有海量保险数据，能够为人工智能技术的发展提供强有力的数据支撑，但保险行业若要促进"AI+保险"模式发展，就必须解决数据垄断、数据权属模糊、数据链条割裂等问题，如图7-1所示。

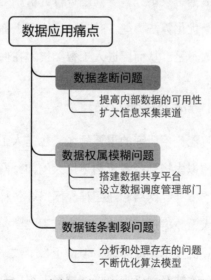

图 7-1　破除保险行业数据应用痛点的对策

（1）针对数据垄断问题

保险公司应在确保客户信息安全的基础上推进内部数据链条建设，一方面，保险公司要利用数据整合和数据处理等方式来提高内部数据的可用性，进而在一定程度上弥补无法形成数据闭环带来的缺陷；另一方面，保险企业要扩大信息采集渠道，通过与数据共享平台合作和收购数据占有机构等方式来获取更多数据资源，从而整合外部数据为己所用。

（2）针对数据权属模糊问题

国家应专门搭建数据共享平台并设立数据调度管理部门来集中管理用户数据，当保险公司需要使用用户数据时可以向政府的数据调度管理部门提出包含数据种类、数据用途、使用时间等内容的申请，该部门会在审核后统一向符合要求的保险公司输出数据，从而在保障用户数据信息安全的同时解决数据权属问题，确保数据的完整性，并提高数据的使用效率。

（3）针对数据链条割裂问题

保险企业需要对人工智能技术和保险行业融合过程中出现的信息安全、人才缺失、行业制约、数据链条不完善等问题进行分析和处理，随着人工智能技术应用的逐渐深入不断优化算法模型，并在一定程度上弥补人工智能算法在灵活性、适应性等方面的不足，从而促进人工智能技术在保险领域的普及应用。

三、技术：创新 AI 算法治理能力

机器学习是人工智能应用研究的重要领域，也是人工智能的技术基础。机器学习算法能够通过模拟生物神经系统构建巨大的神经网络来提高分类和预测的准确性，其构建的卷积神经网络和递归神经网络等各种神经网络也可以利用反向传播学习算法和大量数据进行训练，进而实现"学习"。

目前，机器学习算法技术发展迅速，但由于各个数据集都是一维数据，算法模型通常需要通过一维神经网络来连接，神经网络中有明确的分层，因此信

号只能从前端向后端单向传输，且传输过程中不能出现任何信息误差，只有全面、精准的信息传输才能确保后序结果的准确表达。

另外，传统技术的相关性和定向性较高，对特定数据集的分析和标记过于精准，因此无法拟合其他数据，容易造成过度拟合、模型精确度过高等问题。不仅如此，与计算机编程等技术相比，机器学习的通用性极低，同一个人工智能技术模型难以同时适用于不同的保险险种，因此算法模型并不能共享。若要满足各个险种的应用需求，就必须利用大量信息数据进行反复学习训练，需要保险企业持续投入资金用于模型学习和保险产品的研发。而且，由于从本质上来看，机器学习算法应用的过程就是基于历史数据预测未来的过程，因此机器学习算法技术的应用对数据规则集的特征信息也有着较高的依赖性。

由此可见，机器学习算法技术的应用还存在许多问题，数据集的准确性能够影响算法模型预测的前瞻性，个人极端偏好会导致极端决策问题，而人的固化思维、刻板印象等也会限制人工智能技术的创新发展。

随着时代的进步、科技的发展，保险公司的经营需求不断变化，一维线性连接方式的神经网络已经无法支撑保险公司创新发展。因此，保险公司需要创新算法技术手段，利用密集型交叉卷积神经网络技术构建多维交叉连接方式的神经网络，实现信息跨层交互传递和数据模型精确度的提高。

基于密集型交叉卷积神经网络系统的算法学习模型不需要大量训练数据就能快速完成高精度的预测和模型运算，能够有效减少保险企业在数据搜集、数据训练等方面花费的成本，对于信息资源较少的保险科技初创企业和全新的险种来说，该算法学习模型有助于其创新发展。

因此，要创新 AI 算法治理能力，一方面，保险企业应该通过开展相关研讨会进行讨论等方式明确算法技术应用准则，打破算法偏见、算法歧视等思维观念，在不违背公序良俗和社会伦理的前提下推动算法技术的发展和应用；另一方面，保险企业还要筛选出中立、无偏见的行业数据资源，并利用这些数据来充分挖掘人工智能的深度学习能力，从而提升人工智能的自主学习能力和自我调整能力，进一步深化扩展算法应用。

四、人才：培养高水平复合型人才

对保险行业来说，大数据、区块链、人工智能等新兴技术的广泛应用革新了发展模式，改变了行业生态，保险企业需要随之更新人才结构，招聘更多新兴技术人才。就目前来看，随着保险行业对新兴技术人才的需求越来越大，人工智能等新兴技术方向的人才供应已严重不足，保险行业人才供需失衡问题日益突出。

不仅如此，由于使用"AI+保险"模式的保险企业亟须的复合型人才不仅要能够熟练使用人工智能技术，还要具备保险产品研发创新能力，因此人才紧缺问题会更加严重。现阶段，复合型人才供不应求给保险行业带来了许多问题，如表7-2所示。

表7-2　复合型人才供不应求给保险行业带来的问题

序号	问题的主要表现
1	大部分人工智能技术人才缺乏对保险行业的了解，没有充分掌握经营规则和行业趋势，无法设计出具有较强针对性的算法模型来投入使用
2	部分传统保险企业缺乏对创新人才的重视，忽视了人才引进和人才培训对企业发展的重要性
3	大部分保险企业的研发人员缺乏创新精神，在开发新的保险产品时往往不能紧跟消费者需求、风险类别和市场等方面的变化进行创新，导致研发出的保险产品过于程式化，无法满足消费者的投保需求
4	拥有内部专属技术研发部门的保险企业寥寥无几，大多数保险企业并没有专业的技术研发人员，无法实现独立的产品开发

在保险科技时代，保险企业需要不断优化企业内部的人才结构，重视人才培养和人才引进，通过吸引、培养和留住更多具备专业技能的复合型人才和具备人工智能应用开发能力的创新型产品研发人才来增强自身竞争力。具体来

说，保险公司可以从以下几个方面入手，如表7-3所示。

表 7-3 保险公司优化人才结构的三大策略

策略	具体内容
加强人才培养和人才引进	保险企业应定期开展培训活动，通过培训提高员工在人工智能技术创新应用等方面的能力，并及时更新保险知识，同时提升技术人员对保险经营的熟悉度，培养复合型人才，打造具有多领域技能的专业人才队伍
加强校企合作	保险公司和各高校应支持学生学习与人工智能相关的理论知识，并投入更多资源为学生提供创新研究的条件，培养高素质、高水平的人工智能技术人才，进而为未来人工智能与保险行业的深入融合打下稳固的人才基础
双管齐下	我国的保险企业既要汲取国内外的一些成功案例中的人才培养经验来优化人才培养体系，也要通过引入国外的保险技术人才来激化行业内部的人才竞争，让国内的保险技术人才在竞争中快速增强自身的专业技术能力

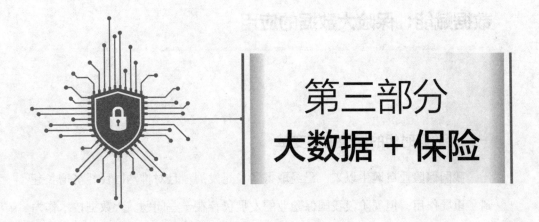

第三部分
大数据 + 保险

第 8 章
数据赋能：保险大数据的应用

一、大数据时代的保险销售变革

我国保险业自诞生以来，已经取得了长足发展，且对推动国民经济增长起到了重要作用，但现阶段我国保险业的发展仍存在一些问题。大数据技术作为一种具有独特价值的新兴技术，为保险业带来了解决这些问题的新思路。保险行业可以借助大数据技术创建并完善立体化的保险业体系，推动保险模式创新，实现线上线下相互融合、相互渗透的新型保险模式，从而推动保险业实现良性可持续发展。

1. 大数据：保险科技的应用利器

大数据的原理与保险业的经营规则之间高度契合，曾有业内人士称，保险业是大数据技术最有应用潜力的行业之一。

（1）大数据法则能够满足保险业的数据需求

保险业的发展离不开数据的支撑，大数据的应用能够很好地整合保险业各个流程的数据，比如产品营销、投保、售后服务、理赔等环节的数据，同时也能为保险业带来更丰富的客户信息，从而极大地扩充保险业的数据资源。当然，大数据技术不仅具有数据收集与整合的功能，更具价值的功能在于对数据的精准分析。

保险从业人员借助大数据技术对相关数据进行融合分析，其一，可以明确风险同质的潜在标的，并合理设定保险费率调节标准，提升保险公司的经营效率；其二，可以精准洞察客户的潜在保障需求，研发适宜的个性化保险产品并精准推荐给有需要的客户，实现精准营销；其三，还可以从宏观层面研究保险业的整体发展规律与方向，为公司制定科学的发展策略。

（2）大数据技术能够打造新的诚信评价方式

传统保险业中常常存在因客户提供虚假信息而产生的欺诈行为，这便会给保险公司造成损失，不利于保险公司的持续发展，可以说诚信对保险公司的生存和发展具有重要意义。大数据技术应用于保险业中，可以创建客户信用评分机制，对客户的交易、征信、健康等信息进行全面收集和融合分析，从而科学地评价客户的诚信度，创建客户与保险公司之间良好的信任关系。

从本质上讲，基于大数据的诚信评价方式是将客户的交易行为、诚信行为等以数据形式进行可视化呈现，这种方式可以大幅提升客户诚信评价的客观性和科学性，弥补传统诚信评价方式的缺陷，从而助力保险公司提升防范水准。

2. 大数据与保险销售

在传统的保险业中，保险产品的经营通常是通过电视、广告进行宣传，并由业务员进行线下推销。这种方式不仅成本高、效率低，而且容易出现业务员为冲业绩而故意误导客户的现象，比如夸大保障范围、夸大理赔金额等，在侵犯客户合法权益的同时降低了保险公司的口碑。

大数据技术应用于保险业能为其带来创新的、高效的产品宣传和销售方式，这种方式主要具备以下几项优势。

- 5G 网络的普及使得信息传输速率与传输规模得到突破式提升，5G 网络平台也为保险产品的宣传和销售提供了良好的载体。依托网络平台并基于大数据技术的分析结果，保险公司可以上线众多保险产品，并将不同的保险产品推送给具有针对性的客户群体，有效提升信息传播速度和效率，从而提升保险产品的销售效率，同时也能很好地避免销售误导现象。

- 互联网平台拥有规模庞大的客户群体，这为保险公司开发潜在客户创造了有利条件，帮助保险公司在客户开发方面实现节本增效。保险公司基于大数据技术收集的数据以及给出的分析报告，可以通过网络进行客户感兴趣的风险知识和保险产品的宣传，能够大幅提升潜在客户的转化率，届时保险产品的成交量也将得到显著提升。同时，依托网络平台，保险公司与客户之间可以实现良好的交流互动，这对保险公司维护客户关系具有重要作用，同时能够进一步提升客户转化率。

- 网络销售的方式能够帮助保险公司节省大量的人力物力成本。保险公司基于大数据技术对不同平台进行分析，可以在不同的网络平台采取差异化的产品宣传策略，既能够降低广告投放成本，又能提升宣传效率。比如，保险公司可以在一些用户常用网站上或手机软件中创建保险相关的闯关小游戏，这样可以提升用户的点击兴趣，进而起到良好的宣传效果。

二、保险大数据应用解决方案

近几年，新一代信息技术迅猛发展，各行各业也因此迎来了发展的新机遇，并且纷纷抓住新技术带来的红利，推动自身的进一步发展和创新。保险业作为推动国民经济发展的重要行业之一，也应当抓住机遇，积极转变发展思路，推动自身商业模式创新。

保险业是金融行业的一个重要分支，拥有着丰富的数据资源，并且在当前的数字时代，保险业的数据规模进一步扩大，这为大数据技术的应用提供了良好的基础，除此之外，保险经营遵循大数据法则，而大数据技术的核心是预测，这也进一步证明了大数据技术在保险业中应用的必然性。大数据与保险业相融合的保险大数据应用解决方案的主要功能体现在产品创新、精准定价等多个领域，如图8-1所示。

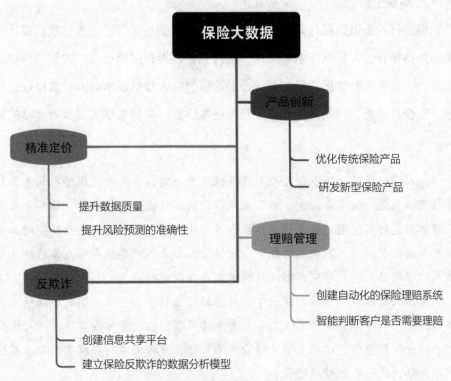

图 8-1 保险大数据应用解决方案的主要功能

1. 产品创新

保险行业拥有丰富的数据资源，这使得大数据技术的应用可以基于海量数据，从供需两侧来分析客户的保障需求、潜在风险以及可能的损失等，从而实现保险产品的创新。

一方面，大数据技术可以针对传统领域的风险信息进行更加合理的分析，赋予保险公司更加强大和细致的风险控制能力，弥补传统保险产品的缺陷，优化传统保险产品，比如人身保险、车险、疾病险、财产保险等；另一方面，大数据技术还可以对社会环境变化、客户行为习惯等信息进行分析，及时洞察社会变化带来的新型风险，并针对性地研发新型的保险产品，为人们尽可能提供全面保障，比如推出退货运费险、网络保证金保险等。

2. 精准定价

保险行业是以数据为基础的行业，其运行需要基于科学完善的数据统计体系和数据精算。大数据技术的应用，能够完善并提升保险公司的数据收集和分析能力，从而提升数据质量。保险公司可以借助大数据技术对海量数据进行筛选、整合、分析、判断，提升风险预测的准确性，同时能够实现保险产品的精确定价。

以人身险产品为例，保险公司在承保人身险时，需要对被保险人的身体健康状况信息进行收集和分析，以防止欺诈行为。传统运营模式下，收集被保险人身体信息时只能通过特定项目体检和被保险人的口头表述，这无疑会增加保险公司的运营成本，同时也可能会给被保险人带来不被尊重等不良体验，此外信息的准确性也有待考究，因此传统方式存在较大缺陷。

借助大数据技术可以创建科学、动态的定价程序，全面、实时、准确地收集被保险人的身体健康信息，比如日常生活习惯、相关身体指标等，并对这些信息进行科学分析，以此来确定保险产品价格，并根据市场环境变化动态调整产品价格，从而实现精确定价。

精准定价可以降低保险公司承担的风险，同时也能为客户提供增值服务，从而推动保险公司实现可持续发展。

3. 理赔管理

对保险公司而言，理赔管理也是一项重要的业务，良好的理赔管理机制既可以提升保险公司的口碑，又能够提高公司的盈利能力，对助力保险公司实现长远发展具有重要意义。传统的理赔管理通常存在一些难以解决的问题，比如理赔效率低、赔偿金不到位等，大数据技术的应用，能够有效提升保险理赔的准确性与及时性。

进入大数据时代，保险公司可以对大数据、人工智能、区块链等技术进行融合应用，并创建自动化的保险理赔系统，同时借助数字化技术实现该系统与客户信息库的互联互通。该平台通过对客户信息的动态分析，能够智能判断客户是否需要理赔，并在客户需要理赔或达到理赔条件时进行自动理赔。以意外险理赔为例，保险公司可以借助大数据技术实时获取客户的出险信息，并及时提供相应理赔或救援等服务。

在具体的理赔管理中，不同的报案手段可以应用不同的大数据方法。若客户自行报案，保险公司可以借助大数据、边缘计算等技术，根据接到的手机号码分析位置信息；若客户无法自行报案，保险公司也可以依托客户的动态数据精准定位客户的位置，并开展救援。在相关人员到达出险地址时，可以利用与保险中心平台远程互联的先进设备来抓取和传输事故现场的图片，保险中心平台通过分析图片来确定责任方，再根据分析结果进行相应的理赔。

大数据方案也可以应用在与第三方合作方面。比如，保险公司可以与汽车4S店合作，获取汽车的维修信息、保养信息等，通过对这些信息的分析来掌握汽车的情况，在汽车出现问题时第一时间进行自动理赔；再比如，保险公司也可以与医院合作，当客户遭遇事故或重大疾病时，保险公司可以直接通过医院获取病人的详细病历信息，并在第一时间给予客户理赔。

大数据技术应用于保险理赔中，无论是哪种大数据方法，都能够有效提升理赔效率和准确率，进而加强客户与保险公司之间的信任关系。

4. 反欺诈

传统保险业中，保险欺诈的现象时有发生，这也是长期困扰保险公司的一个棘手难题。随着社会的发展和技术的进步，专门进行保险欺诈的不法分子的手段愈来愈高明，他们往往会组建一支专业化队伍对保险数据、手续等进行造假，通过缜密的作案手段来非法获利。尽管保险公司会在理赔时对相关信息进行核查，但受限于传统业务模式、审核手段、人力物力、技术水平等，审核结果往往较为不准确，因此传统的反欺诈行为常常效果不佳。

实际上，一直以来，保险公司都在不断探索有效的反欺诈手段，在传统保险业中，较常用且相对有效的方法是保险公司制定一系列固定审核标准，理赔人员结合这些标准和自身经验，对客户的理赔申请进行审核和判断。但这种方法也存在一定的局限性，比如标准灵活性差、审核过程主观性较强、审核结果受理赔人员责任心影响较大、对理赔人员的经验要求高等。

大数据技术的应用能够有效提升反欺诈效率和水平，保障保险公司的合法权益。保险公司可以创建信息共享平台，并建立保险反欺诈的数据分析模型。在客户申请理赔时，数据分析模型能够对客户提供的详细理赔数据进行融合分析，及时发现异常数据，锁定并突出关键证据，同时提醒理赔人员，从而提升保险反欺诈工作的质量和效率。

三、大数据在保险领域的应用挑战

大数据在保险业中的应用，能够帮助保险业解决许多顽固难题，提升保险业的发展水平，但同时，大数据的应用也为其带来了许多新的问题和挑战，这些新挑战也会在一定程度上制约保险业的快速发展。现阶段大数据在保险领域的应用挑战主要有以下几方面，如图8-2所示。

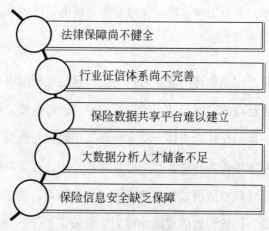

法律保障尚不健全

行业征信体系尚不完善

保险数据共享平台难以建立

大数据分析人才储备不足

保险信息安全缺乏保障

图8-2　大数据在保险领域的应用挑战

1. 法律保障尚不健全

保险业的发展与数据息息相关，本身也拥有着丰富的数据资源，大数据技术应用于保险业中，将会进一步提升保险业的数据规模。然而，大数据的应用也对数据安全、数据信息平台等提出了更高的要求。

大数据技术的应用需要基于海量保险数据，这就涉及客户的隐私信息，而现阶段的大数据隐私保护机制尚不完善，且网络安全程度也有待提升，容易造成客户隐私泄露。此外，进入大数据时代后，创新型的、个性化的保险产品层出不穷，保险市场瞬息万变，但法律的健全过程却较为复杂且漫长，无法适应快速变化的保险市场，从而无法为保险科技的发展保驾护航。

2. 行业征信体系尚不完善

我国现有的行业征信体系尚不完善，覆盖的主体较为不全面。比如，保险行业中有相当一部分产品是针对个人而研发的，因此，现有的征信体系可能无法适用于大数据保险中，甚至会制约大数据技术作用的发挥。

所以，保险业要联合银行、电商等机构来共同创建大数据时代下的征信体系，这对大数据保险乃至互联网金融的发展都具有重要意义，但这也是一项极具挑战性的任务。

3. 保险数据共享平台难以建立

现阶段，我国大多数保险公司内部尚未实现数据的全方位实时互联，因此内部数据的连接与整合仍存在困难，不利于大数据技术对海量数据的收集和分析，也就无法发挥大数据的真正价值。此外，大数据应用于保险业中，并非仅靠个别企业就能完成的，而是需要保险业内部所有企业与外部生态系统共同努力，打通保险业内外部的数据连接，打造一个完善的、全域覆盖的保险数据共享平台，只有这样才能真正推动大数据保险的发展。

然而，就目前我国的保险行业市场环境来看，打造这样一个平台仍要面临多重阻碍。一方面，保险业内的数据垄断问题严重，大型保险公司（如中国平安、中国人寿等）拥有规模庞大且种类齐全的数据信息，而中小型保险公司拥有的信息极为有限，并且大型保险公司为保证自己的竞争优势，常常拒绝与中小企业进行数据共享；另一方面，保险业外相关信息难以全面流入保险业，这主要是因为很多相关单位（如医院、养老机构等）出于信息安全等方面的考虑而不愿将部门信息向保险行业开放。

4. 大数据分析人才储备不足

大数据技术作为一种新兴的信息技术，其技术性较强，且发展态势极为迅猛，特别是将大数据技术应用在保险业中时，会涉及数理统计、保险精算以及计算机应用技术等知识。而现阶段，尽管我国已经有高校将大数据技术设为一门专业，但人才培养周期较长，且缺乏高水平的师资队伍，因此我国目前尚缺乏大数据人才。

对大数据保险而言，其需要的人才不仅要精通大数据技术，还要掌握保险基础知识，但大数据技术专业与保险专业的跨度较大，相关的大数据保险人才也因此更加稀缺。

5. 保险信息安全缺乏保障

大数据技术的应用对数据安全具有极高的要求。目前，很多保险公司数字化程度较低，不能充分发挥数据资源的价值，容易造成资源浪费，同时很多保险公司缺乏风险应对能力，无法及时、有效地洞悉风险，容易产生损失。

只有保证数据能够安全、高效、准确地自由流通，大数据技术才能发挥其最大作用。而现阶段，我国缺乏完善的数据安全保障机制，一方面表现为数据安全法律体系不健全，另一方面表现为网络安全制度不完善，这严重制约了大数据保险的发展。保障保险信息安全需要各参与主体共同配合，不仅需要保险公司健全数据安全共享制度，需要监管机构完善监管机制，需要其他相关机构优化数据安全技术和安全预警机制，还需要客户自身提升数据安全保护意识。

四、"大数据＋保险"的发展对策

根据上文所述不难发现，大数据对于保险行业的智慧化发展具有极其重要的价值，但受大数据技术发展不成熟以及保险行业固有问题等的影响，大数据在保险行业的应用仍然面临着一系列挑战，而这就需要从各个层面制定相应的发展对策，为大数据赋能保险奠定坚实的基础。

1. 加强与上下游产业的合作

早在2014年，我国政府便颁发了《关于加快发展现代保险服务业的若干意见》，保险业内人士常将其称作保险新"国十条"。新"国十条"在吃、住、行、养老、医疗、巨灾、投资、"三农"方面对保险业的发展提出了要求，且直至今日，这些内容仍指引着保险业的发展方向。事实上，这些内容涉及众多行业，因此，保险行业应当发挥大数据的优势，加强与上下游产业的战略合作，推动保险业与其他行业的融合发展。

例如，保险公司可以与医院、社区、养老院等开展合作，以明确医疗保障需求，从而研发更多实用的医疗保险产品或养老保险产品；保险公司也可以与银行、证券公司等金融机构开展合作，推动金融数据动态共享，从而创建并完善行业信用评级体系。

2. 创新监管机制，推进行业自律

随着大数据时代的到来，保险业也迎来了前所未有的海量数据资源，随之而来的还有海量数据的监管、保护和使用等问题。保险业监管机构应当充分了解大数据技术下数据的使用原理与规则，洞察保险业的发展趋势，创建大数据监管标准，完善数据安全保护机制，健全数据保护的法律法规，从而为大数据技术在保险业中的应用保驾护航。此外，监管机构也要出台相关支持政策，以

鼓励大数据+保险的发展。

具体来看，创新监管机制可以从以下两方面入手，如表8-1所示。

表8-1 创新监管机制的两大策略

序号	具体策略
1	围绕消费者权益的保护、消费者权利义务的明确以及保险公司权利义务的明确，制定相关法规，并且要明确具体的实施细则和相关救济渠道
2	积极利用大数据技术实现网络保险服务的规范化、标准化，并探索切合实际的有效监管手段，真正落实保险监管制度，同时加强与第三方机构（金融机构、政府机构等）以及客户的合作，加强外部监督，并定期开展业内互评工作，强化行业内部自律意识，从而实现内外协同的监管模式

3. 深化商业模式改革

保险公司应当将大数据技术全面应用于保险服务的各个流程和环节中，以实现保险商业模式的深化改革。

保险公司可以创建保险信息共享平台，将公司内部运营数据、业内其他公司的数据以及行业外相关产业的数据纳入其中，并将数据进行全面整合与动态分析，创建并优化一系列保险模型，如风险分析与预测模型、客户保障需求模型、保险产品定价模型等，以实现风险精准评估、客户需求精准洞察、保险产品个性化研发、保险产品精确定价等多个场景应用，从而全面实现保险商业模式的变革。

4. 完善人才培养机制

大数据保险的发展，对保险从业人员的理论基础和技术能力提出了新的要求。大数据保险要求保险从业人员既要扎实掌握保险基础知识，又要具备大数据分析能力。当然，这些要求不只针对精算人员，也针对销售人员。比如，精算人员可以基于保险理论，借助大数据技术进行产品研发或产品定价，销售人员可以借助大数据技术制定合理的销售策略、寻求高效的销售手段等。

因此，保险公司需要完善人才培养机制，一方面在公司内部系统创建学习平台，引入先进的教学资源，让内部员工可以根据需要随时学习，同时定期开展大数据保险的相关培训，全面提升员工的业务能力；另一方面，保险公司要加强与高校以及人才培养机构的合作，阐明自身的人才需求，并进行人才规划与部署，为大数据保险的未来发展培养全能型人才。

第 9 章
基于大数据的智能化保险风控

一、保险风控的数智化升级

风险总是与金融活动相伴相生，可能导致金融企业破产倒闭，也有可能给整个金融体系的健康运转造成威胁，甚至可能破坏社会经济原有的秩序。为了控制金融风险，行业以及企业都需要加强监管，尤其是保险行业更要与时俱进，提高风险管理水平与能力，改变风险管控模式，实现基于大数据的风险管控。

为了做好行业监管，2013 年，中国保监会❶发布了第二代偿付能力监管制度体系（简称"偿二代"）。"偿二代"立足于我国基本国情，坚持以风险为导向的原则，参照全球范围内主要银行资本和风险监管标准——巴塞尔协议，实现了与国际保险监管规则的对接。

具体来看，"偿二代"涵盖了三大内容，分别是制度特征、监管要素以及监管基础。在偿付能力监管中，监管要素是核心，涵盖了定量资本要求、定性监管要求以及市场约束机制三大核心内容。在具体的风险识别、风险评估与风险计量方面，"偿二代"提供了配套制度与方法，有助于相关人员快速识别操作风险、信用风险、声誉风险、市场风险、战略风险和流动性风险等多种风险，并对风险带来的危害进行科学评估。

---

❶ 中国保监会：国务院原直属事业单位，成立于 1998 年，2018 年被撤销。

1. 保险公司风险管控的主要环节

在企业内部控制与管理方面，为了提高风险管控能力，更好地识别、控制风险，保险公司形成了比较完善的风险管理流程，涵盖了风险识别、风险评估和风险监控三个环节，如表9-1所示。

表9-1　保险公司风险管控的三个环节

主要环节	具体策略
风险识别	在风险发生之前，保险公司就采用各种方法对各环节、各经营活动中潜藏的风险进行识别，对引发风险的各种因素进行分析
风险评估	在识别风险之后，保险公司要对识别到的风险及其特征进行描述，对风险可能造成的影响与损失进行量化评估，明确风险发生概率以及发生条件
风险监控	保险公司要对已经发现的风险进行持续监控，及时发现新出现的衍生风险以及发生变化的风险，并重新安排风险识别、风险评估与风险应对策略

近年来，受行业经验、数据质量、风险成因以及相关技术的影响，我国保险行业的风险管理模式始终没有发生较大的改变。对于目前的保险企业来说，如何提高风险管理水平，改变风险管理模式，完善风险识别、风险评估与风险计量能力是亟须解决的重要问题。

2. 大数据驱动的保险风控数智化

进入大数据时代以来，随着数据基础越来越雄厚，数据分析技术取得了重大突破，保险公司的风险管控也实现了全面升级，主要体现在风险识别、风险评估以及风险监控三个方面（如图9-1所示），具体分析如下。

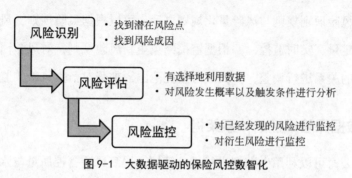

图9-1　大数据驱动的保险风控数智化

（1）风险识别

在风险识别方面，保险公司在依靠经验进行风险识别的基础上，通过对内外部的数据进行整合，利用大数据技术对搜集到的数据进行深入挖掘，找到潜在风险点，发现数据与风险之间的关系，以便在风险发生之前快速发现潜在风险点，找到风险成因。

在保险行业的风险管控中，风险识别历来是一大难题。风险识别的准确度直接影响着风险管控的效果，需要保险公司不断探索、尝试。

（2）风险评估

在风险评估方面，"偿二代"在划分风险类型时，制定了比较明确的规则，但公司的经营状况不同，所处的发展阶段不同，风险评估的方法也不同。

在大数据以及相关技术的支持下，保险公司的风险评估可以有选择地利用各种数据，根据不同数据的属性来评估风险给公司运营以及运营模式造成的影响，对风险发生概率以及触发条件进行分析。最终，保险公司可以根据风险评估结果，结合具体的业务流程以及相关的经验制定风险应对策略。

（3）风险监控

风险监控以风险识别结果为基础，对风险事件进行动态监控，可以细分为两种类型，一种是对已经发现的风险进行监控，还有一种是对衍生风险进行监控。

保险公司传统的风险监控聚焦的是第一类风险，会将风险监控结果以平台报表或者手工报表的形式呈现出来。在大数据及相关技术的支持下，保险公司在明确了风险识别规则与风险量化规则之后，可以根据风险规则、风险因素对风险进行定量、实时监控，并根据监控结果更新风险规则，对风险因子与目标风险之间的关系进行调整，扩大风险监控范围，加强对衍生风险的监控。

二、大数据保险风控的体系架构

保险公司可以利用大数据进行风险管控，提高风险管控质量与水平。具体来看，大数据保险风控的体系架构可以划分为四个层级，分别是数据、规则、平台和管控（如图9-2所示），首先是数据收集与整合，其次是明确规则，再次是搭建平台，最后是完善管控措施，各个层级不断递进，从而落实基于大数据的风险管控方案，提升保险公司的风险管控能力。

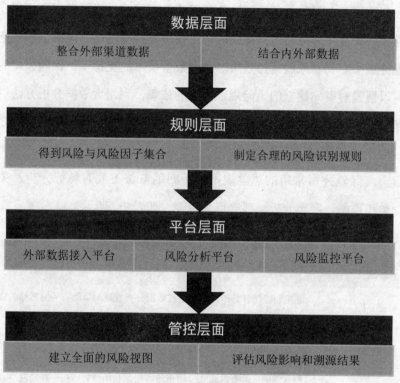

图9-2　大数据保险风控的体系架构

1. 数据层面

在数据层面，保险公司要广泛地收集数据，拓展外部数据获取渠道，对从不同渠道获取的数据进行整合，并将其与内部数据相结合，为风险管控奠定良好的数据基础。

在大数据概念出现以前，保险公司利用的大多是内部数据以及少量的市场数据。进入大数据时代之后，随着数据收集技术不断成熟、数据收集渠道不断拓展，保险公司可以开发外部数据收集渠道，对外部数据进行整合利用，建立标准的数据使用流程，构建稳定、可靠的风险数据源，为风险管控方案的落地执行奠定良好的基础。

2. 规则层面

在规则层面，保险公司要明确业务风险管理规则，通过数据分析得到风险与风险因子集合，为风险识别规则的制定提供支持与辅助。风险识别规则制定的合理性直接影响着风险管控效果。在大数据技术的支持下，保险公司的风险管控可以摆脱对事先建立的风险规则模型的依赖，利用大数据分析方法对大量数据指标进行分析，对风险及相关因子之间的关系进行分析，明确二者之间的关联。

目前，保险公司常用的风险规则分析归纳方法主要有特征分析、关联分析、分类和预测、聚类分析、孤立点分析等，如表9-2所示。

表9-2　保险公司常用的风险规则分析归纳方法

方法	具体策略
特征分析	利用初级统计分析方法，通过数据分析发现与风险有关的指标的特征，绘制数据分布图
关联分析	通过对数据之间的关联性进行分析，明确业务流程、业务环节与风险表现之间的关系
分类和预测	根据历史风险数据建立分类预测规则，利用逻辑回归、神经网络、决策树等模型进行风险预测
聚类分析	对拥有相似特征的数据进行整合、分析，发现数据潜在的类别特征
孤立点分析	通过数据分析，发现行为奇特的数据点，并将这些数据对应的对象作为风险分析的重点

3. 平台层面

在平台层面，保险公司要搭建配套的数据平台，具体包括外部数据接入平台、风险分析平台和风险监控平台，为风险识别、风险监控、风险应对提供智能化的支持，让一线业务人员真正享受到数据的价值。

- 通过外部数据接入平台，保险公司可以快速获取外部数据，但同时要面临数据质量参差不齐、数据模型不科学等问题；
- 借助风险分析平台，保险公司可以明确风险发生概率、风险触发条件、风险分析方向以及分析目标；
- 借助风险监控平台，保险公司会在风险触发了某个规则时获得预警，对风险发展情况进行实时监控，并及时制定应对策略。

4. 管控层面

在风险管控层面，保险公司要建立全面的风险视图，对已经发生的风险和可能发生的风险进行全面监控，以做好风险识别、分析与评估，辅之以对风险可能带来的影响的评估以及风险溯源结果，对风险管控方案进行更新、优化。

- 面对已知风险，保险公司要提前制定应对方案，对风险的发生过程以及管控方案的落地情况进行监控；
- 面对未知风险或者潜在风险，保险公司可以利用风险检测雷达、风险预警、风险多维分析、风险追踪溯源、风险影响评估等方法对风险进行识别、分析，制定风险应对方案。

三、保险核保与理赔智能化

随着移动互联网的覆盖范围越来越广以及大数据技术不断取得重大突破，企业搜集数据的门槛越来越低，数据价值得到了社会各界的广泛关注。保险行业具有天然的数据基因，对数据搜集与应用有着天然的倾向性。下面我们围绕核保、理赔两个关键点对大数据分析在风险防控领域的应用进行具体分析。

1. 保险业面临风险控制新挑战

在保险行业发展过程中，风险防控是一个永恒的课题。因为保险行业的风险点不是一成不变的，新风险点总是层出不穷，恶意欺诈手段也会不断更新，这在很大程度上增加了保险企业风险防控的难度，具体表现为以下两点。

（1）行业竞争倒逼核保与理赔质量下降

从理论上来讲，核保、理赔可以帮助保险公司规避所有逆选择❶与道德风险，但需要保险公司投入大量人力对每一个投保与理赔申请进行调查。在实际运营过程中，这一点显然无法实现。再加上，为了应对保险行业愈发激烈的竞争，吸引更多客户，保险公司不断降低投保门槛，放宽投保条件，提高核保、理赔速度，甚至推出免核保、免体检、快速赔付服务。

在这种情况下，核保、理赔部门不仅要承受来自客户的压力，还要承受来自销售部门的压力。对于保险公司来说，虽然核保、理赔速度的提升为其带来了大量客户与收入，但其面临的风险也随之增加。再加上，公司管理层一味地追求业绩，风险意识不断弱化，使公司处境进一步恶化。

（2）互联网保险的发展增加了保险风控难度

随着互联网快速发展，互联网保险也迅速崛起，逐渐成为保险公司新的业绩增长点，受到了保险公司的广泛关注。互联网保险不仅降低了客户的投保门槛，而且简化了投保流程。客户只需要一部智能手机就能完成投保、理赔等操作，给投保材料验证带来了一定的困难，导致虚假信息、信息不对称现象愈发突出，机会型欺诈风险不断增加。另外，异地出险也对保险公司的理赔工作提出了较高的要求，导致保险服务各个流程在衔接过程中出现空白。

在传统的保险销售过程中，销售人员需要与客户面对面沟通与交流，在这个过程中销售人员可以增进对客户的了解，发现一些潜在风险。互联网保险取消了这一环节，导致销售人员对客户知之甚少，无法发现潜在风险，在很大程度上增加了风险控制难度。

---

❶ 逆选择：指投保人所做的不利于保险人的合同选择。

2. 大数据对风险防控的价值

任何一种新技术都是一把"双刃剑",互联网技术也是如此。虽然快速发展的互联网保险给保险行业的风险防控带来了一定的挑战,但伴随着互联网技术诞生的大数据技术也为这一问题提供了有效的解决方案。

大数据具有五个典型特征,分别是大量、高速、多样、低价值密度、真实性。基于这些特征,大数据技术在保险行业风险防控领域有着广阔的应用空间。

(1) 核保环节

保险公司可以利用大数据分析技术对企业面临的风险进行系统扫描。在传统的核保模式下,保险公司的主要任务是对客户提供的信息进行审核,要从客户提供的有限信息中发现风险点,整个过程比较被动,风险防控效果在很大程度上取决于客户的诚信度以及核保人员的工作经验。对于客户来说,大量的投保告知会极大地消磨耐心,面对审核人员接二连三的提问会产生反感情绪,因此可能不认真填写告知内容,或者放弃购买。

但在大数据技术的支持下,保险公司可以创建数据库,从数据中提取与客户有关的信息,减少重复提问。例如,如果审核人员想要了解客户的身体状况,可以从数据库中调取客户的就医记录;如果想要了解客户有无重复投保或者在短期内大额投保,可以通过数据库查询客户在其他保险公司的投保记录等。总而言之,大数据技术的应用颠覆了传统的核保模式,使得核保过程更加清晰精确,核保效率大幅提高,能够带给客户更优质的核保体验。

(2) 理赔环节

保险公司可以利用大数据技术发现理赔欺诈风险,做好风险预防与管控。在传统的理赔模式下,理赔人员主要凭借自身经验发现理赔风险,通过调查人员的排查防止理赔欺诈事件发生。在这种模式下,保险公司要面临很多风险,包括人为制造保险事故、夸大保险事故损失金额、虚报保险事故等。如果不能及时甄别这些风险，就会蒙受一定的损失。

但在大数据技术的支持下，保险公司可以收集不同地区的既往理赔数据与不同保险公司的理赔数据，构建行业数据库，并利用这个数据库对所有的理赔申请进行检验，精准识别理赔欺诈风险，防止类似事件发生。

总而言之，保险公司利用大数据技术防控风险的相关理论不断成熟，在实际应用方面也取得了一定的成果。例如有保险公司对大数据模型、统计技术、人工智能等技术进行集成应用，开发出欺诈分析技术，以高效、精准地识别欺诈风险。目前，欺诈分析技术的理论模型已经基本成熟，并建立了相应的算法体系，包括监督算法、无监督算法等。虽然这些理论研究想要落地应用还面临着一定的困难，但它们确实为大数据分析在保险行业风险防控领域的应用奠定了坚实的理论基础。

四、大数据保险风控的落地策略

快速发展的大数据技术为保险行业的风险管控提供了新思路、新方案，极大地提高了保险公司的风险管控能力，但基于大数据的风险管控方案在落地的过程中面临着很多问题，主要体现在数据数量、数据质量和场景落地应用三个方面，下面我们进行简单分析。

1. 大数据保险风控面临的落地痛点

（1）数据数量方面

由于保险公司未能对各个信息系统进行统一规划，各系统相互独立，存在比较严重的"数据孤岛"现象。再加上保险公司无法收集、利用外部数据，无法将分散的数据整合到一起形成合力，导致数据规模较小，数据数量无法满足风险分析、风险识别的要求。

（2）数据质量方面

大数据允许"噪声"存在，但在数据规模迅速扩大的过程中，"噪声数据"

的占比也会快速提升，这可能对风险分析结果以及风险应对方案的制定造成不良影响。因此，为了保证数据质量，保险公司要建立数据质量及数据清洗规则，从源头加强对数据的管控，切实保障数据质量。

（3）场景落地应用方面

保险公司要将风险大数据处理技术融入实际业务场景，将风险数据分析结果与风险管控相结合，将大数据在风险管控领域的价值充分释放出来。

近年来，随着行业监管愈发严格，企业内部控制制度不断完善，互联网、大数据等技术快速发展，保险行业的风险管控取得了重大突破。但在实际应用过程中，基于大数据的风险管控面临着很多问题，需要行业、企业共同努力寻求解决方案，提高风险管控水平，维护行业健康发展。

2. 基于大数据技术提升保险业风险防控能力

保险公司想要利用大数据技术提高风险防控能力，必须做好以下几点。

（1）建立数据共享平台

保险公司想要充分发挥大数据技术的优势，必须收集海量有价值的数据，尤其要对公司内部的数据资源进行整合。

对于大型保险公司来说，内部数据规模巨大，能做好内部数据整合就足以发挥出数据的价值。因此，保险行业应该整合内部的数据资源创建数据库，打造一个全行业共享的大数据平台。而要实现这一点，不仅需要行业协会以及监管部门的推动，更需要行业企业转变观念、主动配合，这个过程无疑十分艰难。

（2）注重大数据基础设施建设

保险公司要主动提高IT技术水平，储备大数据分析的技术力量。大数据分析对数据库技术以及公司的网络系统、数据计算能力提出了比较高的要求。保险企业想要对已有的数据资源进行深入挖掘，必须引入或者培养专门的大数据分析人才，做好技术储备，创建一套科学的大数据分析体系。

(3) 保障数据安全与隐私

保险公司在应用大数据技术的过程中要保证数据安全，防止客户信息泄露。

保险公司在利用大数据的同时，要做好数据安全维护。保险公司存储着海量用户信息，这些信息一旦泄露，轻则招致客户投诉，重则可能导致公司的口碑一落千丈，甚至被迫退出市场。另外，从法律的角度来看，保险公司在使用客户数据之前必须获得客户授权，以规避法律风险，同时要尽量使用简单的客户信息，降低客户数据泄露风险。

总而言之，对于保险公司来说，风险防控是其经营过程中非常重要的一个环节。保险公司要积极利用大数据、人工智能等技术提高风险防控质量与效率，从而助力企业创造更大的价值。

第 10 章
基于用户画像的保险精准营销

一、精准营销：实现保险营销智能化

精准营销是美国经济学家、现代营销学之父菲利普·科特勒在2005年提出的一个概念，要求将营销过程做到精准、可测量，提高对销售沟通的关注度，关注营销结果以及营销投资的回报率。

1. 企业精准营销的流程与策略

在互联网环境下，精准营销就是利用大数据、云计算等技术，帮助企业对目标市场以及客户群体进行细分，根据细分市场的竞争情况以及用户需求，有针对性地为用户提供产品与服务，并帮助企业提高产品与服务的质量，对用户的深层次需求进行挖掘。

如果用一个词描述精准营销，就是"适当"，具体来说就是在适当的时间，采用适当的营销手段，向适当的客户推销适当的产品与服务。想要做到这一点，企业就要利用互联网、大数据等技术对目标客户的特征进行总结，对目标客户进行深入研究，全面掌握目标客户的需求，以便能够在实际营销过程中在合适的时间，以合适的方式，向合适的客户销售合适的产品与服务，从而提高营销的成功率，降低营销成本，并让客户享受到更优质的购买体验。

企业想要开展精准营销，必须制定精准营销策略，具体步骤如表10-1所示。

表 10-1　企业精准营销实战步骤

步骤	策略
步骤 1	企业要全面收集目标市场上的客户信息，创建客户数据库
步骤 2	根据客户数据库中的数据对目标客户群体进行细分，进一步明确企业的目标客户
步骤 3	根据目标客户的需求有针对性地为其提供产品与服务
步骤 4	为不同类别的客户制定不同的营销策略，有针对性地为其提供产品与服务
步骤 5	对营销结果进行跟进评估，并根据用户反馈优化产品与服务，提高产品质量与服务水平，在市场竞争中占据更有利的地位

2. 保险业精准营销的特征

保险业的数据资源主要包含客户信息和保险体系外的数据，其中，保险体系外的数据包括互联网社交数据、行为数据、合作方数据等。保险公司可以借助大数据技术对这些数据进行融合分析，精准掌握客户的需求，对客户市场进行细分，以实现精准营销。

保险公司通过细分客户市场来进行精准营销，既可以提升保险公司的收入和利润，降低保险公司的广告成本，促进保险公司持续发展，又不会因盲目发送产品信息而引起客户的反感情绪，因此这对客户和保险公司而言，都是较为合理的营销方式。

具体来看，保险公司可以根据客户的不同需求、对保险的接受程度、对某一产品的关注度以及生活习惯等要素将客户划分成不同的群体，再借助大数据、边缘计算等技术制定适宜的营销方案，为客户推荐其感兴趣的保险产品。例如，为有过量饮酒或抽烟习惯的客户推荐重大疾病险；为长时间使用手机的客户推荐手机意外险、眼睛健康险等；为经常出差或旅行的客户推荐人身意外险等。

总而言之，保险企业想要做好精准营销，必须做到以下四点，如表 10-2 所示。

表 10-2 保险企业开展精准营销的四大策略

序号	具体策略
1	保险企业必须意识到开展精准营销的目标在于全面满足各类用户的需求，所以精准营销不是万能的，其应用范围具有一定的局限性
2	保险企业开展精准营销需要利用数据库系统来挖掘潜在顾客，以降低客户开发成本与营销成本。从某种程度上说，保险公司数据库的价值能否得到充分发挥，直接关系着其能否成功开展精准营销
3	保险企业开展精准营销必须创建自己的数据库，全面收集客户信息，包括客户的性别、年龄、保费额、家庭结构等。只有以这些数据为依托，业务人员才能提高沟通效率，有针对性地为客户提供保险产品，实现精准营销
4	保险企业的精准营销需要营销人员与客户直接沟通与交流，更精准地把握客户需求，并根据客户需求的发展变化及时调整沟通内容，从而实现高效率沟通

二、精准营销模型的构建方法

移动互联网的广泛应用提高了用户行为和用户数据的可视化程度，便于企业深入挖掘数据价值，利用大数据技术和移动互联网采集大量用户数据信息，并将数据作为企业经营发展的关键要素进行全面分析处理，实现精准营销。此外，企业还可以采用更加数字化的手段绘制用户画像，准确定位目标客户。

用户画像是大数据时代的产物，也是企业用来明确受众定位和受众需求的数字工具和数字资产。具体来说，企业要先通过网络广泛采集用户的基本信息、社会属性、消费行为、生活习惯等数据信息，再借助大数据分析和数据挖掘算法等技术对这些用户信息进行标签化处理，利用这些标签将用户形象具体化，最终生成具有更高商业价值的用户画像。用户画像可以帮助企业提高用户定位的效率和精准度，深度挖掘和解析用户需求。

1. 用户画像在保险领域的应用

在保险行业中，用户画像的应用能够帮助保险公司快速明确目标用户群体和用户的保险需求，让保险公司能够实现精准营销，更有针对性地为客户提供保险产品和相关信息，充分满足客户个性化的保险需求，从而有效提高营销效率。现阶段，电商营销和App营销等领域已经将用户画像作为提高营销准确性的重要工具，并取得了一定的应用成果。

互联网保险企业在进行营销时，可以在大数据技术的基础上结合移动互联网来绘制完整的用户画像，从而实现精准营销。这不仅能够拓展大数据技术和用户画像技术的应用领域，也能帮助互联网保险企业提高营销效率，优化营销效果，实现保险服务升级，从而为客户提供更加优质的服务。

以腾讯微保为例，微保是腾讯与国内的保险公司联手打造的保险代理平台，具有操作便捷、服务优质等优势。具体来说，由于微信和手机QQ中都有微保入口，因此用户随时随地都可以直接完成线上购买、查询和理赔等操作，让用户即便足不出户，也能办理保险业务。

微保平台能够通过对海量用户数据的分析处理将信息抽象成标签，以标签为依据生成用户画像，并根据画像特征对用户进行分类，如存量的成熟用户、目前潜在客户、未来潜在客户；除此之外，微保平台还可以根据用户的年龄、婚育情况、对销售人员的信赖感、对保险条款阅读的精细度等信息对用户进行分类，如微保在《2018年互联网年度保险报告》中将保险成熟用户分为"高知新贵"、思路清晰且奋斗的青年、不爱计划的普通人和耳根软的传统"大牌粉"。

腾讯微保借助用户画像进一步分析用户的实际需求，并针对用户需求开发相应的保险产品，从而提高用户转化率。

用户画像在保险领域主要有以下五个应用场景和应用目的：激发客户需求、挖掘潜在客户、优化客户体验、精准定位目标客户群、保险产品和保险服务的个性化定制。

2. 精准营销模型建立流程

精准营销模型的建立需要遵循以下流程，如图10-1所示。

图10-1　精准营销模型建立流程

（1）用户标签化

保险用户数据信息可分为不断变化的动态数据和不可实时变化的静态数据，具体来说，保险用户数据信息分类如表10-3所示。

表 10-3　保险用户数据信息分类

类型	具体数据信息
用户静态的数据信息	用户基本信息（姓名、性别、年龄、保费额等）、健康状况信息（身高、体重、有无重大疾病史、近期住院信息等）、风险信息（职业是否具有危险性等）等
用户动态的数据信息	资产、医疗、保险理赔、职业变更、地址和联系方式变更等各类信息，对公司官网及微信公众号的注册或关注情况等

（2）数据预处理

数据的预处理就是在正式对采集到的样本数据进行分类、分析等操作之前先对其进行核查、筛选等处理。数据预处理能够检查数据质量，确保数据的准确性、完整性、及时性、一致性和合法性，处理过程大致可分为以下四个步骤，如表10-4所示。

表 10-4　数据预处理的四大步骤

步骤	具体内容
步骤 1	精准把握数据挖掘的目的和要求
步骤 2	充分运用各种数字技术采集所需的样本数据（数据源）
步骤 3	跟进挖掘目标，设置数据标准，并根据数据标准对样本数据进行分析，判断其可用性和有效性
步骤 4	获取经过数据清洗的样本数据，为数据挖掘做准备

由此可见，数据预处理是数据挖掘中的准备工作，能够为数据挖掘提供具体的样本数据。

（3）用户画像标签和分类

用户画像是由大量信息构成的真实用户的虚拟代表，但用户画像中的用户信息并不能全方位、立体地描述出用户的全部特征。用户画像标签是通过对用户信息进行分析和分类等处理形成的用户特征标识，能够精准描述出用户的大部分属性。

一般来说，企业可以对客户的个人属性、兴趣爱好、消费偏好、需求特征、心理特征等信息进行分析，并为客户贴上相应的标签，随着用户信息数据库中的数据越来越多、越来越全面，可提取的客户标签也逐渐增多，用户画像与真实用户之间的差别将越来越小，当二者的关联度和相似度达到一定水平后，用户画像就能够在各个业务场景中发挥实际作用。

（4）建模

建模是数据挖掘中的核心和难点，需要通过对数据的整合和多角度分析来找出理想数据，从而为实现应用目标打下稳固的基础。除此之外，在构建模型时，还要通过不断调整和试错来消除因数据理解偏差而造成的模型构建偏差，对模型进行完善和升级。

（5）评估

企业在完成以上各项操作后，还要评估营销模型的应用效果。在这一环节，企业需要先制定精准、契合的评估指标，建立完善的评估体系；再量化模型的评估指标，评估模型的精准度；最后研究人员还要将模型投入实践当中，再进行多次评估，进一步确保数据的精准度，最大限度地防止出现评估误差。

三、基于用户画像的产品设计与研发

面对消费偏好不同、产品需求差异巨大的消费者，保险公司很难开发一种具有普遍适用性的营销方案。为了解决这一问题，保险公司需要以当前的数据库信息为依托开展聚类分析，绘制更专业、更精准的用户画像，为向用户提供个性化服务、开展精准营销奠定良好的基础。

个体一生中要经历不同的发展阶段，所承担的社会责任与家庭责任表现出巨大的差异，于是对保险产品也有不同的需求。即便是面向处在同一人生阶段的客户群体，同一险种所能发挥的实际效果也存在一定的差异。所以，在"以客户为中心"的营销理念下，保险公司要围绕客户需求开发保险产品，满足不同类型的客户群体的需求。

1. 基于客户需求进行产品开发

按照保险企业传统的营销流程，研发部门集思广益、经过反复推敲研发出保险产品，然后交给营销部门制定营销方案，再交给前端部门进行营销推广。在这种模式下，由于研发人员不直接与客户沟通交流，了解到的客户需求信息比较滞后，很难研发出真正契合用户需求的产品，就有可能造成人力资源以及财政资源的双重浪费。

进入大数据时代之后，不断积累的客户数据以及快速发展的大数据技术为保险企业的精准营销奠定了良好的基础。保险公司可以利用用户画像技术充分挖掘客户的个性化需求，在此基础上进行产品研发，对客户的结构化与非结构化数据进行调整，从而研发出能够满足用户个性化需求的产品，全面提升保险产品的市场影响力与竞争力。

2. 基于客户需求进行精准营销

目前，保险企业大多储备了大量客户信息，这些信息的数量虽然庞大，但比较分散、琐碎。保险企业需要从这些烦琐的信息中精准提取有价值的信息，获得有价值的数据，并对这些数据进行归纳、分类。

具体来看就是，保险公司利用用户画像技术，根据用户标签对用户进行分类，面向不同类型的用户有针对性地开发保险产品，同时对不同类别的客户需求进行分析，发现这些需求之间的相似性与关联性，为其提供综合价值更高的产品。

另外，保险公司可以借助大数据技术对客户的可支配收入、保险需求、行为习惯等信息进行收集和分析，掌握客户的保险需求和潜在风险，为客户量身定制个性化的保险产品，并结合大数据技术制定合适的营销方法，从而实现精准营销。

大数据技术的广泛应用既扩充了保险公司的数据库，又为保险公司带来了先进的数据分析技术，保险公司可以借助大数据技术对海量数据进行分析，准确捕捉人们的保险需求，及时洞察潜在的保险趋势，研发个性化的保险产品。同时，保险公司还可以通过分析和研究海量的数据，对承保标的风险进行准确预测，并结合过往的保险理赔经验，对个性化的保险产品进行合理定价。

此外，保险公司也要顺应社会发展的趋势来研发保险产品，就现阶段而言，我国正处于数字化时代，保险公司应当增强互联网思维，结合当前的时代发展特点来研发创新性产品，比如退运险、账户安全险、借款保证险等。

四、用户画像精准营销的落地路径

保险行业对客户特征进行精准定位不仅需要大量订单数据、个人信息、社会信息等内部数据，也要充分掌握用户的外部行为数据。因此，保险公司必须对行业内外的数据信息进行整合，并以此为依据绘制更加全面的用户画像，为了解客户需求和实现精准营销提供数据支撑。

与此同时，用户画像技术的应用既有助于互联网保险平台对用户进行分类管理，也能让保险企业可以根据用户特征设计保险产品，从而提高保险的触达率。

1. 借助用户画像预测用户需求

用户画像是保险企业实现精准营销的关键。具体来说，保险企业可以通过对用户数据的聚类分析将保险客户按照需求进行分组和分析，进而绘制用户画像，并对客户的实际需求进行精准预测，从而实现精准营销。

除用户画像技术外，保险公司还应通过采集购买保险记录、理赔情况、VIP等级等信息的方式掌握更多的客户属性信息，并充分利用数据挖掘技术和数据分析技术进行客户购买行为分析，发现客户属性信息与购买行为之间的关系，进而找出与客户购买保险产品的行为之间存在关联的信息，并以此为依据丰富用户画像，实现对客户需求的深入挖掘。

保险企业可以通过用户画像全方位了解用户需求，进而将"以客户为中心"的经营理念贯彻落实到产品设计当中。用户画像等数字技术的应用能够为保险企业带来以下几项优势，如表10-5所示。

表10-5　数字技术之于保险企业的三大优势

序号	优势
1	保险企业可以借助用户画像深入挖掘客户的实际需求、行为习惯等数据，实现对客户行为特征的精准预测，从而优化营销模式，提高营销的效率和精准度
2	保险企业可以借助人工智能技术实现全天候在线人工智能服务，提高机器人问答的准确率，及时为客户答疑解惑，为客户提供更加优质的服务，优化与客户之间的关系
3	保险企业可以通过分类预测客户的潜在需求和利用多种营销手段进行精准营销的方式来为客户提供符合其实际需求和心理预期的营销服务，从而实现精准到位的保险营销信息推送，优化营销效果，提高营销的转化率

2. 搭建个性化的推荐系统

保险企业应该搭建基于用户画像细分维度的个性化推荐系统。个性化的推荐系统能够通过对客户行为数据的分析找出用户画像和保险种类的相关关系，并以此为依据确定各个客户群体的险种需求，从而向不同的客户推送不同的保险产品，实现个性化的精准推荐。

除此之外，个性化的推荐系统还能为客户寻找高价值信息提供便利，优化客户体验，进而提高客户的满意度和忠诚度。

3. 完善精准营销流程

用户画像能够通过客户细分的方式帮助保险企业实现精准营销，而形成用户画像需要采集和整合海量用户数据，并对这些数据进行挖掘、分析和处理，因此，保险企业需要持续推进相关配套基础设施建设，并优化营销流程，加快推进精准营销体系升级的步伐。具体来说，保险企业可以从以下几个方面入手来优化营销效果，如表10-6所示。

表10-6　保险企业优化营销效果的三大策略

策略	具体内容
保障数据安全	用户数据是形成用户画像、实现精准营销的重要资源，能够为保险企业掌握客户需求提供便利条件，但保险企业也要承担数据泄露带来的巨大风险。因此保险企业必须重视数据安全保护问题，采取多种有效措施防止数据泄露，充分确保用户的隐私安全。一方面，保险企业要升级软硬件系统，提高系统对客户数据的防护能力；另一方面，保险公司应重视员工培训，增强保险数据处理人员的数据安全意识和数据防护能力
完善基础设施	基础设施是用户画像在精准营销中应用的重要支撑。保险企业需要建立用于存储客户数据的数据仓库，并借助各种先进的基础设施来对客户行为数据、保险产品的营销效果数据等数据信息进行多元化、深层次的采集、存储、分析、处理和应用。由此可见，建立数据库和完善硬件设施等基础设施建设是保险企业实现数据有效分析和精准营销的重中之重
优化人力配置	保险企业若要将用户画像技术应用于精准营销当中，就必须做到基础设备设施建设和人才培育并重。在人才培育方面，保险企业既要培养和引进技术人才，也不能忽视对营销综合人才的育留，要根据市场需求和市场发展趋势不断完善人才培训体系，让员工通过培训不断提高自身在精准营销方面的专业技术能力和知识水平，掌握精准营销理念，并将其运用到营销实践当中

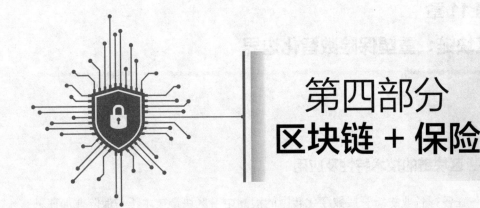

第四部分
区块链 + 保险

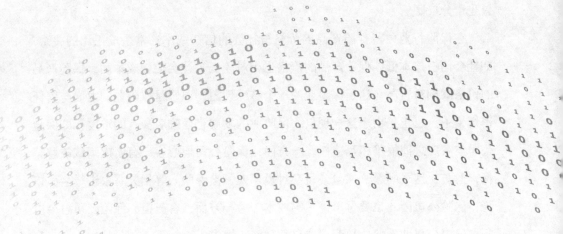

第 11 章
区块链：重塑保险数智化边界

一、区块链的技术特性及应用

在各行各业纷纷开展数字化转型的浪潮中，区块链技术正与保险业加速融合，推动传统保险业的数字化升级。鉴于区块链技术与保险业两者独有的特点，保险业成为区块链技术重要的应用场景，区块链技术在保险业中的应用前景也十分广阔。

在保险行业中，保险产品的价格与社会的信任成本通常是成正比的关系，即社会信任成本低，保险产品的价格也相对较低；社会信任成本高，保险产品的价格就相对较高。这是保险业的一个特殊现象，原因是保险业的发展与信任密切相关。也正是由于这一现象，保险业的发展也面临着独有的难题，即保险公司与客户之间很难相互信任。一方面，保险公司担心客户有所欺瞒或故意骗保，为防止这一问题，保险公司会对投保人、被保险人等相关对象进行全面审查，保险公司因此也要付出更多的成本；另一方面，客户担心保险公司总会以各种理由少赔或不赔，从而造成自身财产的损失。

保险的本质是互助，但这种互助是建立在相互信任的基础上的，如果社会中效益体系、公平体系不完善，那么保险将适得其反。而区块链技术基于其去中心化和数据难以篡改的特点，能够保证信息真实可靠，从而很好地解决信任问题。

在保险行业的发展中，信任是最重要的因素之一，区块链技术赋能保险行业能够在保险公司和客户之间建立良好的信任关系，从而促进保险行业的稳步发展。一方面，良好的信任关系能够大幅降低保险公司的成本，包括因欺诈而产生的社会成本、核查成本、沉没成本等；另一方面，区块链技术的智能合约、共识机制、分布式账本等工具能够有效保障客户隐私信息安全，提升客户对保险公司的信任度。

1. 智能合约

在区块链环境中，智能合约能够基于上链的数据，结合提前制定的协议条款进行自动谈判和自动执行。在保险领域，区块链技术的应用可以从数据管理入手，提升保险公司的风险管理能力。在实际应用中，保险公司可以将客户所有的保险相关信息（如基本信息、医疗信息、风险信息等）完成上链，再结合保险产品的内容创建智能合约，当相关信息达到理赔标准时，智能合约就会自动执行理赔，从而增强客户对保险公司的信任。

2. 非对称加密

区块链能够对数据进行加密处理，非对称加密算法是指加密和解密时需要借助两个密钥来完成，即公有密钥和私有密钥，并且两者缺一不可。非对称加密能够大幅提升个人数据的安全性。在保险领域，保险公司与客户签订合同时采用非对称加密算法可以有效防止客户信息泄露。

3. 共识机制

共识机制作为区块链技术的重要组件，能够通过各个特殊节点的投票来验证和确认交易。共识机制能够有效防止数据篡改。区块链技术应用于保险领域后，如果保险公司与客户签订合同，合同内容及客户信息都会上链，共识机制能够防止双方修改合同内容或个人数据，从而保证信息的可靠性。

4.分布式账本

分布式账本实质上是一种"共享、复制和同步的数据库"，是指在区块链中，各个节点都完整记录着相同的账目，能够保证数据的准确性，同时能够共同监督交易的合法性。在区块链保险中，客户与保险公司签订合同后，如果后期需要变更合同内容，则分布式账本可以在区块链的各个节点进行记录，为合同提供证据。

二、"区块链 + 保险"的应用优势

保险业作为一个与社会经济发展密切相关的重要行业，其产品种类多样，且都与人们的生活息息相关，比如人寿保险、医疗保险、房屋保险、汽车保险等。

现阶段，我国的保险业已发展成熟，并在各行业领域中发挥着其价值，但与此同时，我国保险业中依然存在一些问题，既包括欺诈行为、理赔效率低下等长期存在的顽固难题，也包括信息泄露、网络攻击等新型的复杂问题，其中前者可能阻碍保险业的高效发展，而后者则可能对保险业造成致命性冲击。因此，保险业要想持续健康发展，就必须谋求新的发展路径，区块链技术的出现为保险业的发展带来了机遇。

区块链技术应用于保险业中，能够为保险业带来很多益处，具体来看主要包括以下几个方面，如图 11-1 所示。

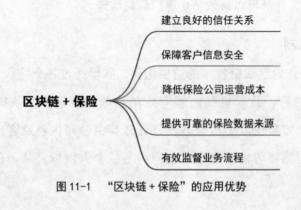

图 11-1　"区块链 + 保险"的应用优势

1. 建立良好的信任关系

区块链技术应用于保险中，能够将各利益方的信息进行分布式存储，从而在信息共享的基础上，对数据进行加密处理，由于加密处理后的数据具有不可篡改的特性，因此可以有效保障数据的安全性与可靠性，从而提升保险公司与客户间的相互信任度。

基于这一核心益处，智能合约成为区块链保险中最常用也是最重要的一种手段。保险公司基于客户投保相关的信息和对应保险产品的信息，可以将保险合同以智能合约的形式制定出来，并在智能合约内提前设置相应的交易规则。当相应的信息变化达到理赔条件时，智能合约会自动理赔。从本质上讲，智能合约之所以能够发挥其价值，主要得益于区块链保险中透明的、共享的数据和自动化的机制，避免了人为干预带来的损失。

2. 保障客户信息安全

区块链技术最突出的优势是去中心化，即将信息分布式地存储在各个区块链节点中，并结合非对称加密技术对数据进行加密处理，这样可以极大地降低保险信息系统被黑客攻击的可能性，从而显著提升信息的安全性。

基于这一优势，区块链保险能够有效保障客户敏感信息的安全，比如客户的个人基本信息、健康信息、工作收入等。当然，这项益处既依托于保险公司与客户之间的信任关系，又进一步加强了两者的信任关系。

3. 降低保险公司运营成本

区块链应用于保险领域中，能够为很多保险业务带来影响，包括保险产品设计和研发、合同管理、承保、理赔等。实际上，保险公司应用区块链技术的初衷是实现自动理赔功能，区块链保险结合智能合约技术能够很好地实现这一功能，不过，在此基础上，保险公司的运营成本也能够得到大幅减少。

自动理赔功能不仅可以实现理赔流程的自动化，节省相应的人工成本；而且可以加快理赔速度，节省保险公司和客户双方的时间成本。此外，由于自动理赔功能是基于实时数据来执行，因此，这一功能还能通过分析动态数据来规避不必要的风险，从而有效降低保险公司的风险成本。

4. 提供可靠的保险数据来源

在传统保险中，保险人与投保人在协商理赔时经常会产生纠纷，表面原因通常有两种，一是投保人提供的信息不可靠，二是对保险合同中免责条款的认定出现分歧，但本质原因是投保人信息的安全性和可靠性难以保证。

无论是核算保费还是制定保险合同，抑或是执行理赔，都离不开数据的支持。区块链技术能够有效解决这一问题，区块链技术具有去中心化和数据不可篡改的关键优势，能够对投保人信息进行分布式存储，既能保证数据的可靠性，又能保护信息安全，从而帮助投保人实现有效的风险管理。

区块链技术通过数据的分布式核算和存储提供一个可靠的数据库，保险公司无须额外花费时间和成本去获取数据，从而能够保证各项保险业务顺利开展。同时，保险公司能够基于这一数据库制定未来的保费标准和相关保险政策等。

5. 有效监督业务流程

在传统保险业务中，业务流程的监管通常具有一定的滞后性和不透明性，监管难度大、效率低、效果不佳的问题较为严重。区块链技术能够很好地解决这一难题。在基于区块链的保险业务流程中，监管机构可以通过掌握保险公司的一个记账节点，实现对保险公司全部业务动向的实时观察和监督，同时，监管机构还能结合大数据分析技术，及时洞察和预防系统性风险，也可以准确预测潜在保障需求，从而提升事中监督的效果。

现如今，区块链技术正加速与保险业融合，为保险业发展带来了很多必要的、先进的工具和手段，能够解决传统保险业中存在的诸多问题，例如，智能合约能够解决理赔效率低下的问题、分布式账本能够解决欺诈骗保行为等，有效提升保险业发展的水平和效率。不过现阶段，区块链技术在保险业中的应用尚未成熟，仍有较大的创新空间。

三、"区块链 + 保险"的实践场景

我国保险业历经40余年的发展，市场主体不断丰富，市场规模显著扩大，发展水平持续提升。不过，由于保险行业的特殊性以及监管不够完善等方面的原因，我国保险业在长期的发展过程中也出现了不少问题，这些问题严重制约了保险业的良性发展。进入数字化时代后，区块链等技术的进步则为保险业的发展提供了极大的助力，区块链能够应用于索赔管理等场景中，使保险业焕发出新的生机和活力。

1. 索赔管理

在索赔管理中，区块链技术有一定概率能够将大量不同来源的数据点结合起来，从而有效减少欺诈性索赔的数量，其应用具体表现在以下两个方面，如表11-1所示。

表 11-1 区块链在索赔管理方面的应用

序号	具体应用
1	保险公司可以通过分布式的区块链分类账来进行信息和文件流的分发，比如现场证据、第三方报告、警察监督等，保证索赔处理有据可依，进而保证索赔处理能够安全有效地执行
2	基于区块链的索赔管理能够自动处理很多重要步骤，这就使得客户提交索赔事宜变得更加便捷，例如，当客户发生交通事故需要索赔时，汽车的碰撞信息便会自动传入区块链中，并自动触发索赔申请，同时自动求救医疗部门或交通部门，实现多项事宜同时处理，大幅节省客户的时间成本，同时能够帮助客户争取最佳治疗时机

现阶段，很多知名保险公司已在索赔管理领域对区块链展开应用，例如，法国保险巨头安盛保险公司（AXA）已经研发出一款名为Fizzy的免索赔保险产品，以用于航班延误理赔，其核心是智能合约技术，当航班延误超过2小时，Fizzy就会自动触发理赔。

2. 再保险

再保险（Reinsurance）是指保险人在原有保险合同的基础上，将自己所承担的部分或全部责任和风险向其他保险人办理保险的行为，即"保险的保险"，也称为"分保"，是保险行业的另一种业务。在再保险业务中，需要处理的数据不仅涉及原保险公司、分保公司的相关经营数据，还要涉及原保险合同、分保合同的内容信息，同时还涉及客户的基本信息与动态信息等，数据量庞大且来源复杂，因此数据的审核、存储、处理也较为棘手。

区块链技术应用于再保险业务中，能够借助分布式账本工具将大量来源不同的数据进行存储，同时能够简化处理过程，保证再保险业务的顺利开展，其具体应用如表11-2所示。

表 11-2　区块链在再保险业务中的应用

序号	具体应用
1	区块链技术的应用能够帮助分保公司直接从主要来源接收实时数据，不会涉及原保险公司，避免原保险公司对数据的篡改行为，从而确保数据的实时性与可靠性
2	再保险业务可能会涉及好几家再保险公司，那么再保险公司就需要相互交换数据，这个过程是非常复杂的，区块链能够利用共享分类账降低或消除保险人与再保险人的损失，实现资本的有效分配，从而很好地解决这一问题

目前，美国国际集团（AIG）、安联（Allianz）、荷兰全球保险集团（Aegon）和瑞士再保险（Swiss Re-insurance）等企业已经开始利用区块链技术进行业务创新，这也为区块链保险的发展奠定基础。

3. 点对点保险

点对点保险（Peer-to-Peer，P2P）概念的出现已经有一段时间，区块链技术应用于保险业中为点对点保险的运行提供了保障。在基于区块链的保险中，点对点保险的核心依然是智能合约。点对点保险主要涉及投保人实体财产的保障，因此智能合约主要涉及自然环境因素变化的相关数据，包括天气、温度、湿度等，不过要根据被投保的财产来具体确定。当被投保的财产因恶劣天气而遭受损失时，智能合约会自动触发理赔。

区块链保险能够为此类保险实体提供有效的保障，同时能够为保险公司带来更多的利益。如今，得益于区块链保险的发展，智能合约的优势也已在点对点保险中得到了有效发挥。

四、基于区块链技术的保险自动化

随着保险业的持续发展，保险业务逐渐呈现出多样化趋势，相应地，保险数据规模不断增加，数据种类越来越复杂。而传统人工处理数据的方式易出现各种各样的问题，如数据遗漏、数据出错等，从而无法保证资源的利用效率，进而阻碍保险业的快速发展。

区块链技术的应用能够实现保险自动化，从而有效避免这些问题。在区块链保险中，所有的动静态数据、合同信息以及保险产品的运行规则等都存储在区块链中，数据的捕捉和分析、保险规则的执行都能够自动完成，从而提升合同执行的效率和准确率，进而推动保险业健康持续发展。

下面我们通过对国外"区块链＋保险"的科技企业进行简单分析，阐述区块链技术是如何驱动保险自动化的。

1.Lemonade

Lemonade是美国的一家上市保险公司，其主要业务是房屋租赁保险。该公司将人工智能技术与区块链技术应用于房屋租赁保险中，通过智能合约的形式为房主和租客提供保险合同。

在智能合约中，公司为租客和房主分别规定了相应的保费金额，并按月自动收取保费。智能合约在收取的保费中抽取一定比例的金额，形成用于未来索赔的资金池。用户需要进行索赔时，需要提交索赔申请和相关材料，智能合约会对这些材料进行自动审核，只要达到索赔条件便可第一时间执行理赔。据公司官方统计，该公司智能合约的最快理赔时长是3秒钟。

2.Guardtime

Guardtime是一家区块链技术公司，它与很多网络公司、金融企业、政府机构、物流公司等开展合作，为其提供区块链解决方案。

该公司曾与马士基航运公司开展合作，结合区块链技术为其打造了一个航运保险平台。该平台能够结合海上运输事项提供合适的保险产品，并能够基于全面的航运数据，结合智能合约计算相应的保费，这对航运保险平台的风险管理具有积极意义。

3.Etherisc

Etherisc是一个开源平台，主要进行去中心化保险应用程序的开发和推广。该平台开发的应用程序主要聚焦于提升保险行业的效率，包括简化理赔流程、缩短理赔时间、降低处理成本等。

Etherisc平台应用较为广泛的有农作物保险应用程序，这一程序通过智能捕捉农作物生长情况和土地情况，帮助农民预测农作物长势，规避潜在风险，同时当不可抗力因素（干旱、洪涝等）给农民造成损失时，这一应用程序能自动捕捉相应数据并自动为农民提供理赔。此外，该平台还开发了保护平台成员财产的应用程序，这一程序的应用也较为广泛。

4.B3i

B3i是由Allianz、AIG、Aegon等在内的全球20家先进保险企业共同组建的强大组织。该组织的主要任务是利用区块链技术为保险业赋能，制定相关的标准和协议，研发保险相关的网络基础设施，以实现自动化的保险业务流程，从而提升保险业运营效率，降低保险业运营成本。

现阶段，该组织正积极探索区块链保险的应用程序，这一程序支持保险合同流程的完全自动化执行。

5.Dynamis

Dynamis是一个基于以太坊的点对点（P2P）保险平台，主要为人们提供失业保险。该平台聚焦于打造一个去中心化的保险平台，以恢复保险公司的透明度和客户对保险公司的信任度。此外，该平台还期望借助区块链技术提升保险流程效率。

不过，由于该平台的主要业务是失业保险，因此，平台会借助区块链技术着重收集和分析客户的就业信息，并基于这些信息创建智能合约，在客户失业时会立即获得智能合约中所规定的相应保险金，通常，保险金是以比特币的形式发放到客户手中。在自动理赔过程中，传统保险公司全程无须参与，仅由智能合约来自动执行，这一方面可以提升理赔效率，保障失业人员的生活；另一方面，客户可以直接收到遣散费，能够有效避免雇主更改索赔条款而扣留部分遣散费的情况，当然，这也是Dynamis平台创建的初衷。

6.Insurwave

Insurwave是一个针对海上托运保险的区块链平台，由安永会计师事务所（EY）与Guardtime公司联合创建。

该平台借助区块链中的分布式账本技术打造了一个保险数据库，数据库中包含客户托运的所有相关信息和保险合同等信息，基于分布式账本的数据库具有数据不可篡改的特点，能够保证信息的安全性与可靠性。该平台能够帮助保险公司实现精准的风险评估，同时能够在托运人权益受到侵害时实现自动化理赔。

第 12 章
基于区块链的智慧保险生态圈

一、"区块链 + 寿险"的应用场景

寿险一般指人寿保险，是人身保险的一种，是指以被保险人的寿命为保险标的，且以被保险人的生存或死亡为给付条件的人身保险。寿险在我国保险业中占据重要地位。根据我国银行保险监督管理委员会提供的统计数据，2021年，我国寿险业务原保险保费收入为23572亿元，寿险业务保险保费收入占原保险保费收入的比重52.5%。

近年来，随着区块链技术不断发展与深入应用，"区块链＋寿险"的组合为保险行业注入了新的活力。区块链技术能够有效地消除寿险业务中存在的痛点，促进寿险业务的转型升级。

1. 目前寿险业务存在的痛点

（1）保险产品与消费者需求的错配问题

传统寿险产品是根据大众的普遍需求来研发的，呈现出严重的同质化现象，但客户的需求却呈现出差异化、个性化的特点，因此，很多客户并不能接触到真正契合自身需求的保险产品。

此外，随着社会的发展，人们的生活水平逐渐提升，同时人们工作生活压力也不断加剧，人们对于寿险产品的要求也在不断变化，而很多传统寿险产品却无法满足人们当前的需求，进一步加剧了保险产品与客户需求的错

配现象。

（2）保险产品的定价不够透明

保险产品的定价过程通常需要依赖精算定价体系来完成，涉及多种复杂的、专业的数据算法和模型，而绝大部分消费者对这些数据算法并不了解，也就无法清楚地知晓自己所购买产品价格的由来、组成和分配。而正是由于这种不透明的定价机制，保险公司也就肆无忌惮地将不属于消费者承担的部分成本（如渠道开拓成本、渠道营销成本等）加到保费中，从而间接地侵犯消费者的权益。

（3）保险公司的销售易存在误导

传统保险销售模式通常以业务员线下推销方式为主，这种方式缺乏有效的监管机制，业务员在推销过程中常常会对消费者进行误导。特别是在寿险产品的营销中，很多业务员会夸大承保范围和保险收益，或隐瞒投资风险及退保损失，进而诱导消费者进行购买。

此外，在传统保险模式下，消费者只能通过业务员来了解寿险产品相关信息，没有其他的相关渠道，这也让业务员更容易做一些虚假宣传来误导消费者，从而侵害消费者的权益。

（4）理赔纠纷频率高

在传统寿险模式中，理赔纠纷时有发生，并且通常集中于医疗险、意外险、疾病险等几个险种。概括来看，理赔纠纷主要由两方面的原因导致：一方面是承保时保险公司没有明确告知或故意错误地告知消费者相关的责任范围和理赔收益等，或消费者与保险公司在免责条款的认定中存在分歧；另一方面是理赔流程和所需材料较为复杂，理赔时效过长，且经常出现理赔金额不足或分批次理赔的现象，导致经济补偿不到位。

这既不利于消费者合法权益的保护，也不利于保险公司口碑的提升，降低了消费者对保险公司的信任，从而制约了保险行业的发展。

2. "区块链 + 寿险"的应用路径

区块链技术应用于寿险领域中，可以针对上述痛点进行寿险模式的变革，具体可以从以下三个角度进行分析。

（1）个人健康信息共享

寿险公司可以创建基于区块链的个人健康信息共享数据库，并结合大数据、云计算等技术对数据进行分析，一方面可以更加灵活地设定相关的保障责任，并以合适的方式告知消费者，增进消费者与保险公司之间的信任关系；另一方面可以精准掌握消费者的保障需求，并研发个性化的寿险产品以满足消费者的需求。

此外，区块链的智能合约技术可以实现理赔的自动化执行，从而有效提升保险公司的售后服务效率，提升客户的信任程度。

（2）智能理赔与监管

区块链技术的两个核心特征是去中心化和数据不可篡改，这就保证了寿险公司数据的可靠性和安全性，从而大幅缩短数据查询和数据核对的时间，有效提升寿险公司与其他相关主体的沟通效率，进而实现高效的理赔和监管。具体来看，在智能理赔与监管环节，区块链技术主要有两大应用，如表12-1所示。

表12-1　区块链技术在智能理赔与监管环节的两大应用

序号	具体应用
1	寿险公司可以依托区块链与医院、客户之间进行高效的信息交换，从而实时掌握客户的身体健康信息，并利用智能合约发挥寿险保单的作用，即当客户健康信息出现变化并达到理赔条件时，智能合约会根据合同内容进行自动理赔
2	寿险公司将客户信息保存在区块链上，能够有效保证数据的安全性、开放性、透明性，而基于数据分析的业务流程也将变得更加透明，这便可以有效提升监管的效率，降低监管成本。此外，客户信息的不可篡改性还能够提升客户对寿险公司的信任，增强客户黏性，提升寿险公司的竞争力，从而实现寿险公司的长期可持续发展

（3）风险管理模式创新

保险公司的核心作用是进行风险管理，这意味着保险公司要承担高昂的风险成本，特别是对于寿险公司来讲，由于人的生老病死在客观上具有一定的不可控性，因此其承担的风险成本要更加高昂。区块链技术的应用能够带来新型的风险管理模式，实现风险分散管理，降低寿险公司承担的风险成本。

在这种新的风险管理模式下，寿险行业迎来了发展的新机遇，并且可以拓展出新的市场，其中会涉及寿险公司、消费者和投资者三个主体。消费者提出新的保障需求，寿险公司基于区块链数据进行风险评估，并借助风险模型计算出预期的赔付率和保费，然后将其发布到平台上进行宣传，投资者根据风险和收益来购买产品。

这个过程中，消费者、寿险公司和投资者均可以获得收益，如表12-2所示。

表12-2　新型风险管理模式下各主体可获得的收益

主体	可获得的收益
消费者	消费者可以获取能够契合自身需求的寿险产品，并且保费要比传统寿险产品低廉得多
寿险公司	寿险公司既可以增强消费者的黏性，又能够开拓新的业务渠道，同时可以降低自身承担的风险成本
投资者	投资者可以获得更多的投资机会，并且通过衡量风险和收益来降低自身的投资风险

从长远的角度来看，客户获得了个性化、具体化、实用性的保障产品，寿险公司完善了自身管理和服务的职能，这样一来，保险公司与客户间可以搭建起更加良好的合作关系和信任关系，从而实现互利共赢。

二、"区块链＋车险"的应用场景

随着社会的发展，私家车逐渐普及，车险行业也迎来了巨大的发展空间。我国目前的车险主要有基本险和附加险两种。其中，基本险主要包括第三者责任险（三者险）、车辆损失险（车损险）等；附加险主要包括车辆停驶损失险、全车盗抢险（盗抢险）、车上人员责任险等。

在传统车险行业，理赔流程非常复杂，且涉及的材料较为烦琐，理赔时效较长，无法为车主提供高效的保障服务。复杂的理赔程序和材料提交过程不仅使得理赔效率低下，而且容易产生理赔纠纷，从而使得客户与车险公司之间的关系变得紧张，不利于车险公司的发展。

　　具体来看，当车辆发生交通事故需要申请理赔时，车主需要在48小时内报案；保险公司接到报案后会派查勘员到事故现场进行勘查，并对车辆损毁程度进行判定，当达到理赔条件时才会进行理赔。

　　在理赔过程中，车主需要向保险公司出示驾驶证、行驶证、身份证、保险单等材料，并且还要填写"车辆出险登记表""定损单"等相关表格，而表格中涉及的信息较为复杂，需要车主根据其他材料进行填写。

　　此外，每个车主的驾驶习惯、具体的驾驶行为以及车辆类型和状况都存在差异，传统千篇一律的车险产品无法较好地满足车主的保障需求，同时在产品定价方面也存在较大困难。因此，传统车险理赔存在较为严重的缺陷。

　　区块链技术与车险业融合，可以有效弥补传统车险业发展的缺陷，实现车险行业的智能化发展。特别是对于理赔环节来讲，区块链技术的应用既可以提升理赔效率，为车主带来便捷、高效的保障服务体验，又可以帮助车险公司摆脱欺诈风险，降低车险公司的理赔成本，从而在车主与车险公司之间建立起良好的信任关系，推动车险行业的发展。其中，在防止欺诈方面，区块链主要可以从以下几个角度加以改进。

1. 自动获取数据，提升赔付效率

　　在基于区块链的车险中，车主在购买车险后，车险公司会将其个人和车辆的基本信息、驾驶信息等全部保险相关信息永久地存储于区块链中。在车辆出现需要理赔的情况时，车险公司可以从区块链中直接获取相关数据，并直接导入各种表单中，无须再进行人工填写，从而简化理赔流程，提升理赔效率。

车险公司也可以在承保车辆上安装智能传感器，传感器可以实时感知并收集车辆的行驶数据，并将其传输至区块链系统，可以有效防止客户故意安排假车祸的骗保行为。此外，智能合约也可以根据区块链上的数据，结合提前设定的保障规则进行判断，当车辆达到理赔条件时，智能合约会自动触发理赔，进一步降低保险欺诈的风险。

2. 监督定损维修，降低双方损失

在车险理赔中，通常需要根据汽车维修公司对汽车受损情况和汽车的周边环境信息进行评判，车险公司会结合这些信息与车险合同来执行理赔行为。在基于区块链的车险中，车险公司会要求汽车维修公司将这些信息以文字和视频的形式全部上传至区块链中，这样就可以保证信息的不可篡改性，从而有效防止因汽车维修公司夸大车损信息而产生的欺诈行为，进而降低车险公司和客户双方的损失。

3. 实时上传信息，有效避免欺诈

由于传统的车险行业缺乏对配件市场的有效监管，汽车维修公司使用劣质配件的现象屡见不鲜，这也在很大程度上给车主和车险公司造成损失。在基于区块链的车险中，配件供应商和维修公司都需要将认证配件防伪信息上传至区块链中，这样可以避免因劣质配件使用带来的欺诈问题。

区块链技术应用于车险领域，可以将所有相关信息上传至区块链中，实现所有流程和环节的可视化、透明化，从而解决传统流程难以监管的难题，同时可以帮助车险公司更容易地识别出不良行为，进而有效避免欺诈问题。

三、"区块链＋农业险"的应用场景

我国是一个农业大国，农业是保障我国国民经济发展的基础产业。一直以来，我国政府都十分重视农业及农业保险等相关产业的发展，并出台了一系列

政策加以支持。不过，由于我国地形较为复杂，东中西部地区的农业发展情况有较大差异，因此，现阶段的农业保险尚存在一些发展的痛点。区块链技术的进步为农业保险的发展带来了新的思路和模式。

下面我们主要从农业保险的痛点问题以及区块链技术在农业保险中的应用路径两方面进行详细分析。

1. 农业保险的痛点问题

目前，我国农业保险面临着很多问题，主要问题如表12-3所示。

表12-3　农业保险面临的主要问题

序号	主要问题
1	农业保险产品种类较为贫乏，无法满足大部分农户的需求，且保险公司对农业保险的重视程度较低，并不愿意投入更多的时间和成本来研发农业保险新产品
2	我国政策性农业保险现阶段尚处于初步发展阶段，尚未探索出高效的发展模式，经营成本高昂
3	农户对于一些现有的政策性农业保险认可度较低，主要是由于其保障责任范围和保障水平无法达到农户的预期，农户认为这些保险产品没有实际意义
4	在农户遭受农业灾情需要索赔时，保险公司需要先进行实地勘查，根据地理环境和农产品受损情况进行判断，但这两项内容的判断也要耗费较多的时间和成本，且具备较强的主观性，极易出现判断不准确的情况，这便会影响理赔结果。通常情况下，农业保险的赔偿金额很难满足农户的预期，从而很大程度降低了农户对保险公司的信任
5	由于农业保险发展水平较低，农业保险监管机制不完善，理赔过程复杂、时间跨度较长，再加上农业信息较强的不对称性和不透明性，因此农业保险欺诈行为也较为泛滥，这也是长期困扰保险业的痛点问题

2."区块链＋农业保险"的应用路径

区块链技术与农业保险融合，可以实现"区块链＋农业保险"的新发展模式，并且基于区块链的数据不可篡改的优势，能够很好地解决上述几项痛点问题，从而推动我国农业经济健康、稳定发展，如图12-1所示。

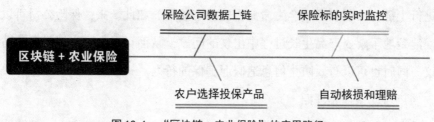

图 12-1 "区块链 + 农业保险"的应用路径

（1）保险公司数据上链

在"区块链+农业保险"模式中，保险公司可以将农户的信息以及农产品的生长情况、生长环境、生长周期等相关信息纳入区块链中，并基于区块链的去中心化、开放性、安全性等特征实现数据安全存储，并且保险公司、农业保险监管机构、农户等主体可以共享这些信息，从而发挥各主体的优势，协同监督农业保险的发展。

在农业信息上链后，保险公司也迎来了拥有海量可靠信息的农业保险数据库，这为保险公司研发产品、开展业务、提供服务奠定了坚实的数据基础，同时可以实现降本增效。

（2）农户选择投保产品

保险公司可以通过对区块链数据的分析获取农户的真正保障需求，进而研发出适合的农业保险产品，同时分析和评估农产品可能遭受的风险，并评判相应的损失，再结合农产品的生长环境和周期等进行合理定价，并确定理赔金额，使农业保险产品能够同时满足农户的保障需求和对赔付金额的预期，实现有效供给，提升农户对保险公司的信任。

（3）保险标的实时监控

在传统农业保险中，通常只有在农户投保和申请理赔时会与保险公司产生联系，其他时间内保险公司与农户之间没有任何联系，这样就存在较大的数据空白，使得保险公司无法判断保险事故的原因，因此也容易遭受欺诈。

在"区块链+农业保险"中，保险公司可以将农产品生长和交易的全部数据进行上链，实现农产品全生命流程的动态监管。如此一来，保险公司可以实时、清楚地了解农产品生长过程中出现的问题，从而可以为农户提供风险防控建议，同时也可以有效防止信息造假而骗保的行为。

（4）自动核损和理赔

数据上链和保险标的实时监控也为智能合约的应用提供了条件，保险公司可以与农户签订智能合约，并提前制定相应的规则条款，在保险标的实时监控的过程中，当智能合约感知到农产品遭受风险时会自动执行理赔，提升理赔效率。此外，还可以增强农户进行农业生产的信心，从而推动我国农业经济的持续发展。

以畜牧业为例，家禽、家畜的生长情况受环境影响较大，且容易遭受瘟疫等的损害，以至于家禽、家畜非自然死亡的情况时有发生，且核损认定难度较大。而在基于区块链的农业保险中，家禽、家畜的生长情况、活动信息、交易信息、死亡情况等信息全部都存储在区块链中，保险公司可以随时查询，这便大大降低了核损的难度。同时智能合约可以根据这些数据进行判断，当家禽、家畜的死亡原因属于保险公司的责任范围时，智能合约会自动触发理赔，保障农牧户和保险公司的权益。

由此可见，"区块链+农业保险"模式可以高效地解决传统农业保险中存在的痛点问题，不仅可以分散农户的农业经营风险，保障农户的财产安全，而且可以有效避免农业保险欺诈问题，保障保险公司的合法权益，从而推动我国农业保险进入快速、高效、智能的发展阶段，这对我国农业经济的持续、稳定增长具有重要意义。随着区块链技术的持续进步以及其在农业保险领域的深入应用，未来"区块链+农业保险"必定将实现全面落地，为我国农业数字经济发展保驾护航。

四、"区块链 + 健康险"的应用场景

健康保险是一种能够在被保险人遭遇疾病或意外伤害时向其赔付保险金的

人身保险，保险标的是被保险人的身体，主要包括疾病保险、医疗保险和收入保障保险等多种类型的保险。从本质上来看，健康保险是一种具有较高的风险保障和管理水平的保险，能够以融资的方式帮助投保人解决医疗费、丧葬费等难以预料的医疗财务风险。对我国现阶段的社会医疗保险体系来说，健康保险能有效扩大医疗保障的覆盖率，起到十分关键的补充作用。

中国银行保险监督委员会公布的2021年保险业主要数据显示，健康保险保费收入为8803.6亿元，同比增长7.7%；赔付支出为4085.3亿元，同比增长39.9%，并为参保人积累了1.3万亿元的长期健康险风险准备金。随着我国社会经济的发展和人民生活水平的提高，我国商业健康保险的业务规模不断扩张，保险产品的类型逐渐趋向多样化，服务领域也越来越广阔，因此，我们必须重视健康保险在整个保险行业中的持续稳定发展问题，积极解决因发展速度过快而产生的难题。

1. 我国健康险领域存在的问题

在健康险领域，保险企业主要面临着以下几项问题，如表12-4所示。

表12-4 我国健康险行业面临的三大问题

问题	问题描述
产品定价	产品定价方面，逆选择、道德风险、行业数据不足等问题的存在影响了健康险产品的定价准度，特别是重疾险产品存在定价过高等问题，导致健康险产品销售困难
销售	在健康险产品的销售方面，许多人因为对健康险产品了解较少，缺乏足够的选购能力，导致健康险产品的销售领域有所局限，因此，保险企业还需进一步扩大健康险产品的销售范围，让更多人认识和了解健康险产品
产品本身	从健康险产品本身来看，由于传统的保险企业在产品开发、产品销售、保险理赔、代理人、精算师等方面存在许多不足，因此健康险产品存在成本高、价格竞争激烈、服务效率低、保险保障与健康服务之间联动性不足等缺陷，导致客户满意度较低，保险企业难以通过优化客户体验来增强客户的复购意愿，也无法有效提高客户留存率

2. 基于区块链技术的健康险应用

区块链具有去中心化、分布式记账等特征，将其应用于保险领域既可以帮助保险公司减少附加费用支出，也能够确保参保人员的医疗数据的安全性和可靠性，除此之外，数据更新的实时性也能有效提高各项数据的利用率。

（1）智能定价

区块链技术在健康险领域的应用能够有效提高产品定价的智能化程度，确保定价的准确性：

- 首先，由于区块链具有极大的数据存储空间和极强的算力，因此区块链的应用能够有效解决数据量不足、数据精准度较低等问题，帮助保险公司明确划分风险类型，提高定价的精准度；
- 其次，由于区块链上的数据都可实时更新，因此区块链在产品定价模型中的应用有助于提高价格灵敏度，实现动态定价，进而提高产品定价的精准度；
- 最后，区块链技术由于具有去中心化、数据不可篡改、分布式记账等特点，能够有效提高健康险产品定价的效率、科学性、安全性和透明度，降低附加保费，为保险公司节约经营成本，从而推动健康险产品的创新和整个保险行业的健康稳定发展。

（2）智能核保

保险公司可以利用基于区块链的信息安全共享模型实现与各个医疗机构之间的信息共享，并借助物联网、区块链、人工智能等多种先进技术打造具有便捷性、高效性、透明性的健康险产品，有效防止因信息不对称引起逆向选择，从而吸引更多优质客户。

不仅如此，保险公司还可以通过建立区块链集来实时监督医疗系统，采集被保险人的医疗信息，让被保险人可以避免重复体检，减少成本支出，大幅提高核保工作效率。

区块链具有不可篡改的特征，能够确保医疗数据的真实性和可靠性，有效避免医保欺诈。与此同时，在基于区块链的健康保险中融入人工智能还能实现人脸识别、刷脸挂号等功能，防止有人以冒名就医的方式骗取医保。由此可见，区块链在健康险领域的应用能够有效降低核保成本，缩短保单等待期，提高产品定价精度，进而促进健康险产品的推广销售。

区块链技术在健康险理赔环节的应用能够简化理赔流程、缩短理赔时间、降低核保和理赔成本。具体来说，保险公司可以利用区块链技术实时接收被保险人的出险信息，并快速将理赔款项转至被保险人的健康卡当中，让被保险人不再需要准备复杂的索赔材料，也无须经过长时间等待就能收到赔付款。区块链在健康险领域的应用不仅为保险公司节省了理赔成本，也为被保险人提供了方便，让保险公司能够凭借理赔即时性的优势获取更多客户。

（3）智能健康管理服务

区块链技术在健康管理服务中的应用有助于保险公司为被保险人提供更优质、更全面的服务，从而降低保险赔付率，让保险公司能够获取更大的收益。

智能健康管理服务就是保险行业将智能可穿戴设备引入健康险当中，革新传统的保险经营模式，利用可穿戴设备来获取、分析被保险人的动态信息，实时掌握被保险人的身体健康状况，从而为其量身定制个性化服务。对保险公司来说，这样做既可以在一定程度上改善被保险人的身体健康状况，也有助于预防疾病，排除健康隐患，进而降低被保险人的疾病发病率，实现降低健康保险产品的赔付率的目的。

具体来说，健康助手可以在被保险人的健康体征数据出现异常时发出提醒，及时为被保险人提供生活习惯、就医诊疗等方面的建议，从而降低被保险人的疾病发病率；智能系统可以向被保险人提供作息推荐、健康食谱等内容，让被保险人通过养生的方式改善身体健康状况。

第 13 章
区块链在保险监管领域的实践

一、区块链与保险监管的结合路径

区块链技术能够应用于诸多领域，为各个领域的发展提供技术保障。其中，保险业是区块链重要的应用场景，区块链技术在保险行业中的融合应用能够从技术层面为保险监管部门赋能，有效解决目前保险监管建设中存在的许多问题，如图 13-1 所示。

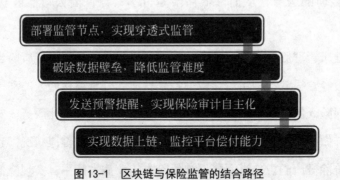

部署监管节点，实现穿透式监管

破除数据壁垒，降低监管难度

发送预警提醒，实现保险审计自主化

实现数据上链，监控平台偿付能力

图 13-1　区块链与保险监管的结合路径

1. 部署监管节点，实现穿透式监管

由于区块链具有分布式存储和数据不可篡改的特点，因此，将区块链运用到保险监管领域能够大幅提高被保险人数据的透明性和可追溯性。

具体来说，监管部门可以利用智能合约技术预先定义好相关的规则条款，从而实现自动化评估和监管所有的交易节点；监管部门还可以通过部署监管节点实时掌握保险公司的数据变化，如交易数据、保单数据、资金数据等，并利用各个节点上的时间戳实现交易可追溯，以便通过穿透式监管提高风险防范水平。

2017年，人保财险推出了区块链养殖保险服务平台，利用区块链来存储DNA、耳标等生物识别信息数据，并建立能够对采购、养殖、防疫、产崽、屠宰、物流等所有养殖和供应环节的数据信息进行记录和存储的区块链溯源系统，实现全流程、全生命周期信息数据可追溯。

区块链养殖保险服务平台的应用为监管部门全程跟踪管理养殖数据提供了便捷，监管部门只需利用智能合约技术在区块链上部署监管节点，就能够实时监管保险公司、养殖企业和个体农户的所有生产活动和交互行为。

2. 破除数据壁垒，降低监管难度

区块链具有开放性的特征，除各方的私有信息外，存储于区块链上的数据信息都高度透明。因此，将区块链应用于保险领域当中能够破除数据壁垒，有效防止出现因信息不对称引发的保险欺诈事件，这既能够为保险行业的稳定运行提供保障，也能在最大程度上保护消费者的利益，与此同时，还可以减少监管部门的工作量，为监管部门的工作提供便捷。

以区块链在健康险领域的应用为例，基于区块链技术的信息数据交换平台具有安全可信的特点，可用于记录、存储和共享被保险人的健康数据（生命体征、用药情况、诊断结果、病史手术等）和其他涉医数据（医护人员、诊疗地点、器械等），为保险公司的信息查阅、风险监测、风险分析和提交欺诈风险报告提供方便。

对保险行业来说，区块链的应用有助于其进一步升级反欺诈体系，增强保险行业的行业稳定性；对监管部门来说，区块链的应用能够有效减少工作量，并降低监管难度，为工作提供方便。

3. 发送预警提醒，实现保险审计自主化

基于区块链的保险审计能够利用智能合约等技术提高保险审计的智能化、自动化和持续化水平。具体来说，区块链在保险审计领域的应用能够自动标记风险和异常数据，并生成审计工作底稿，同时根据风险预警级别向监管审计人员发送风险预警提醒，让监管审计人员能够及时对市场乱象进行处理。

以区块链在车险领域的应用为例，基于区块链技术的保险审计应用能够实时监管渠道手续费，当发现与手续费相关的违规行为时，应用系统会迅速向审计部门发送该违规行为的数据信息，以便监管机构及时针对该违规行为进行惩处。由此可见，区块链技术的应用有助于监管部门及时对交易时间、费用列支情况、原始保单交易信息等数据进行审查，提高监察力度，从而有效避免出现审计舞弊事件。

4. 实现数据上链，监控平台偿付能力

基于区块链技术的监控互助保险平台能够将数据上链，实现对资金挪用、资金盗取等现象的有效监管和对平台偿付能力的监控，同时还能对平台偿付能力进行排序，确保数据信息公开透明，有效解决人们之间互不信任的问题。

引入了区块链技术的相互宝❶让所有的电子票据和保险资金流向变得透明，这既能提高互助团体中的各个成员之间的信任度，也有助于监管部门对互助平台的偿付能力进行监控。除此之外，电子票据上链还有助于提高票据信息的真实性、可靠性以及公开性，让各个机构都能够对电子票据进行查阅，防止出现重复报销的情况，进而为监管部门的工作提供方便。

二、基于区块链的保险资产监管

近年来，对于保险资产的管理业务，监管机构摒弃了原有的规模监管与分

---

❶ 相互宝：2018 年 10 月 16 日在支付宝 App 上线的一项大病互助计划。

业监管政策，转向全面风险监管与全面统一监管。面对保险公司自有资金的使用情况，监管机构也调整了监管策略，摒弃了传统的根据保费规模、赔款以及准备金的比例进行监管的模式，开始根据保险资本与相关风险状况的匹配情况对保险机构进行区分，创建保险机构分类监管机制。

2018年，中国人民银行、中国银行保险监督管理委员会、中国证券监督管理委员会、国家外汇管理局联合印发《关于规范金融机构资产管理业务的指导意见》（以下简称《指导意见》），明确了"强调事前、加强事中、管住事后"的风险监管理念，提出要"统一标准规制，对金融创新坚持趋利避害、一分为二，留出发展空间"，以解决保险资产管理面临的多层嵌套、投机频繁、杠杆不清、监管套利严重等问题，从而做好保险资产管理全面风险监管。

在实践层面，监管机构想要做好保险资产管理全面风险监管必须关注两大要点，如表13-1所示。

表13-1 保险资产全面风险监管需关注的两大要点

序号	关注要点
1	需要重点关注各种风险，包括产品嵌套及通道风险、关联交易风险、资金池风险、信用风险、内部管理风险等
2	需要按照整个风险管理流程进行管理，包括风险识别、风险计量、风险监控、风险应对、风险报告等

在技术层面，保险资产管理全面风险监管面临着一系列挑战，包括数据实时性较差、风险识别难度比较大、风险信息共享难度比较大、数据造假问题比较严重等。为了解决这些问题，监管机构必须对各种风险进行动态识别，准确、高效地计量风险，灵活地进行风险监控，以免产生"监管真空"现象，导致风险监管效果受到不良影响。

需要注意的是，各种监管法规都需要以强大的技术为基础落地执行，区块链技术恰好为监管审计功能的落地提供了强有力的技术保障。具体来看，区块链技术在保险资产监管领域的应用主要体现在以下四个方面。

1. 助力分业监管向全面统一监管转变

在分业监管时代，保险行业的资产管理业务存在多层嵌套现象，再加上通道业务，导致监管套利现象比较严重。

区块链技术在应用于保险资产监管时，可以在各级监管机构部署节点，创建监管联盟；同时在保险资产管理公司、信托公司、券商以及银行部署节点，对各个节点产生的数据进行整合，形成业务数据闭环；并对资金跨市场、跨区域的投资行为进行动态捕捉，将监管信息分享给不同的监管机构，实现全面统一监管，解决多层嵌套以及通道业务等问题。

2. 助力监管识别关联交易的风险

根据上述《指导意见》中的相关规定，保险公司不能利用资产管理产品的资金与关联方进行不正当交易与内幕交易，不得向关联方进行利益输送，不能随意操控市场。

引入区块链技术之后，保险公司可以在管理人、投资人、项目方、监管机构部署节点，利用身份识别功能以及反洗钱能力，全面掌握关联方的身份信息，对资金流向进行动态监管，明确关联交易与监管要求的契合度，准确识别保险公司用合法交易掩盖非法交易的行为，明确交易关系，提高交易统计的准确度，做到实时交易、实时汇报。

3. 助力监管识别刚性兑付风险

导致刚性兑付出现的原因有两个：一是资产管理产品通过滚动发行、期限错配等方式使投资风险从A投资者转向B投资者，帮助A投资者收回投资本金并获得一定的收益；二是如果产品不能如期兑付或者兑付困难，管理人自行筹集资金偿付。

区块链应用于刚性兑付识别，主要是通过部署节点对信息流与资金流进行动态监控，提前识别资金池风险和信用风险，进而对刚性兑付风险进行准确把控。

4.助力监管追踪内部管理的欺诈风险

欺诈风险指的是保险公司的内部人员与外部人员开展虚假交易所引发的风险，例如销售虚假产品，伪造印章签订虚假合同等。区块链技术应用于欺诈风险识别与监管，主要是通过对交易信息、投资人信息、产品份额登记信息、产品合同信息等信息进行上链管理，实现对欺诈风险的实时追踪与识别。

综上所述，区块链技术应用于保险资产监管可以满足高效、准确地进行风险计量等要求，提高监管的动态化和灵活性。在区块链监管审计功能的支持下，保险公司管理业务更加安全、透明，保险资产管理公司的公信力更强，不当投资、投机等行为能够得到有效抑制，保险机构可以更好地履行监管责任，为保险行业安全、稳定发展保驾护航。

三、区块链赋能医保基金监管

随着《关于建立城镇职工基本医疗保险制度的决定》正式出台，我国开始在全国范围内建立城镇职工基本医疗保险制度，大力推广城镇职工医疗保险和合作医疗保险，致力于让城乡每一位居民都能享受到医疗保险带来的益处，帮助城乡居民解决看病贵的问题。随着这两类保险覆盖的人数越来越多，医疗保险数据的规模也越来越大，给医疗保险基金支付复核与监控带来了一定的挑战。

医疗保险基金交易涉及三方主体，分别是参保人、医疗经办机构和定点医疗机构，其中医疗经办机构负责拨付基金。由于目前我国的医疗保险还没有实现全国互联，地区之间存在信息隔离，容易出现医疗资金非法使用、骗保等问题，造成严重的资金浪费。

区块链技术在医疗保险基金管理领域的应用有利于推动医保基金规范化建设，建设统一的医疗保险交易和监督机制。具体来看，区块链应用于医疗保险基金监管具有以下三大作用。

1. 助力医疗保险基金监管体系建设

去中心化是区块链技术的一大典型特征，所以区块链应用于医疗保险基金监管可以降低对传统数据库中心结构的依赖，减少人为因素对数据的影响，打破壁垒促进数据流通共享，避免异地医保因为信息不对称形成信息孤岛。同时，在区块链技术的支持下，系统中的患者信息可以同步更新，医疗机构、保险机构等主体可以自主整合各项数据，建立公有的账本数据，交给监管部门进行审核。

基于区块链的医保基金监管体系也承袭了区块链去中心化的特点，不需要配备太多服务器，从而降低了监管成本。在传统的医保基金体系监管中，社保机构与医疗机构所掌握的信息并不完全一致，导致医保基金实际消费金额与实际支付金额之间存在一定的差异，可能因为人为地弄虚作假蒙受巨大损失。引入区块链技术之后，用户医保账户以及看病过程中产生的所有信息都可以实现数字化，被存储在数据库中。任何一方想要查看这些数据都必须获得授权，而且只能查看不能更改。此外，由于区块链中的每一个区块都有独立的时间戳，所以可以形成一个稳定、不可篡改的大数据库，可靠地存储医保基金交易过程中产生的所有信息，为医保基金监督管理提供可靠的依据。

目前，我国医疗费用报销依然以人工报销、纸质报销为主，需要投入大量人力，因此所需的人力成本、时间成本比较高，管理难度与审核难度比较大。引入区块链技术之后，医保基金交易监控可以实现自动化。基于不可篡改、无法人工干预等特性，区块链可以在最大程度上保障医保基金交易数据客观、真实，可以为统一、实时的医保交易平台建设提供强有力的支持。

2. 多层结构助力多部门联动

在传统的异地就医过程中，医院无法跨区域调取患者的检测信息，导致患者需要重复检测，不仅增加了看病成本，而且容易造成医疗资源的浪费。另外，各个医疗机构之间数据存储格式不同，交换标准存在差异，也对数据交换与共享形成了一定的制约。在异地就医报销方面，患者需要在医疗机构打印异地就医的发票、病历等资料，返回参保地报销，报销类目与报销比例根据参保地的政策执行，无法实现异地实时报销。

基于区块链的分布式数据库可以解决异地就医造成的信息不对称问题。作为一个具有多层结构的移动式数据库，区块链可以创建参保人员持卡库、参保人员参保信息库等数据库，对参保人员的各项基础信息进行整合，并与税务信息库、法人单位信息库、参保机构信息库、社保参保信息库对接，实现数据互通与共享，支持参保人员、医疗机构多部门联动，打破地区之间的信息隔阂，实现跨部门的数据采集。

3. 助力平台实现医疗领域信用体系建设

区块链中的智能合约技术可以对交易对象进行有效约束，在最大程度上预防各种类型的医保诈骗，对整个医疗过程与医保报销过程进行跟踪，并对相关信息进行数字化存储。

随着人们的健康意识不断增强，各保险公司推出了不同类型的商业医疗保险，这虽然极大地丰富了商业医疗保险的种类，但由于各个报销平台的技术水平存在较大差异，很多信息需要人工处理，整个报销过程十分烦琐，导致索赔与支付环节经常出错。区块链技术的应用可以有效地解决这些问题：

- 在区块链技术的支持下，患者的诊疗记录可以实现共享，异地诊疗信息可以同步，还可以实现跨医疗机构合作诊疗。智能合约可以对合作医疗的整个流程进行重构，在各个环节设立监督节点，在参保人的报销信息存储到数据库之前先加盖时间戳，一旦发现参保人存在骗保行为，立即将其加入黑名单，形成一个完整的数据链，完善医疗行业的信用体系建设。

- 在区块链技术的支持下，医疗保险行业不仅可以创建完善的信用体系，而且可以创建全国统一的身份认证平台，利用生物特征识别技术准确识别参保人的身份，提高医保信息系统的运转效率，降低索赔与支付环节的出错率。

目前，区块链已经开始在医疗保险基金管理领域落地，虽然面临着很多困难，但应用空间十分广阔，有望催生更多新型应用。

第五部分
物联网 + 保险

第 14 章
物联网：保险科技的新蓝海

一、物联网时代的保险科技

物联网是一种融合了智能感知、智能识别、普适计算、射频识别等多种技术的新兴技术，能够将各种信息传感器、控制器、激光扫描器等设备连接在一起，实现人与物、物与物等之间的泛在互联，进而实现信息交互、通信和智能管理等应用。物联网保险指的是将物联网技术应用于保险业，创造出一种全新的保险产品与服务，提高保险公司的运行效率，增强保险公司的风险管理能力。

欧洲金融管理协会在《物联网：颠覆保险模式》中对物联网保险的发展趋势作出了预测：一方面，物联网设备的数量将大幅增长，预计到2035年将增长至1万亿台，与之相关的应用程序的数量将达到1亿个；另一方面，在财险业务中，物联网保险业务将实现快速增长，其增长势头将远超其他业务。事实上，全球各大保险公司已经开始利用物联网打造保险产品与服务，并取得了不错的成绩。

经实践探索发现，物联网可以从三个方面为保险行业赋能，如表14-1所示。

表 14-1　物联网赋能保险行业的三大方面

序号	具体内容
1	物联网技术的应用可以重构保险公司的业务价值链，帮助保险公司解决一些运营难题
2	物联网技术的应用可以为保险公司带来很多智能设备，帮助保险公司打造多元化的增值服务，提高客户的满意度
3	在引入物联网之后，保险公司要对其面临的各种风险因素进行重新思考，探究物联网可以从哪些方面与保险产品结合实现创新

总而言之，物联网与保险行业的结合将从经营理念、经营方式与经营领域等维度对保险行业产生颠覆性影响。在此形势下，保险科技将快速发展，保险消费者的行为也会发生较大改变，将颠覆原有的保险市场，创造一个全新的保险市场。下面我们从产品、运营、服务三个维度对物联网给保险行业带来的变化进行探究，如图 14-1 所示。

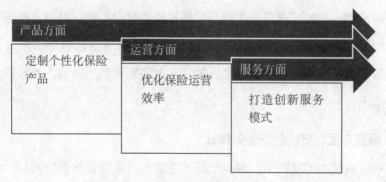

图 14-1　物联网给保险行业带来的变化

1. 产品方面：定制个性化保险产品

在物联网时代，建立在情景感知基础上的个性化定制将成为新的营销潮流。基于物联网的保险产品的风险单位将不断细化，呈现出微型化的发展趋势。为了顺应这一趋势，保险公司将改变过去大而全的产品结构，转向根据客户需求为其定制保险产品。为此，保险公司要对原有的保险产品进行分解，大力开发短期、功能专一的产品，不再追求保险产品的多功能、全覆盖，而是专注于提高风险预测的精准度。

例如，用户购买保险产品之前，保险公司可以借助各种先进技术，根据用户需求对重要的保险参数进行调整，进而对保费进行调整，将投保时间精确到秒，切实提高保费计算与结算效率。

2. 运营方面：优化保险运营效率

过去，保险公司要在用户信息收集、录入、查询等方面投入大量时间与精力。但在物联网技术的支持下，保险公司可以便捷地获取用户信息，根据用户需求生成个性化的服务方案，并为其定制保险报价信息，让保险产品更契合用户的需求，提高用户的满意度。

理赔部门也可以借助物联网打造一个自动化的核赔流程，提高保险核赔效率。在事故定损过程中，保险公司可以利用传感器搜集设备、车辆、厂房等资产的相关信息，并将这些信息实时传输到理赔运营中心进行处理，根据处理结果生成理赔建议。在这种模式下，保险公司无须在现场勘验环节投入大量人力，节省了人工成本，而且极大地缩短了从出险到理赔的时间，使理赔效率得到了大幅提升。

3. 服务方面：打造创新服务模式

在物联网技术的支持下，保险产品的功能不再是简单的保险赔付，将拓展更多增值服务，例如排查工厂隐患、对个人健康状况进行监测、规划车辆的行驶路径、识别异常行为等。简言之就是，保险公司将借助物联网技术打造一个集保险、服务、科技于一体的创新服务模式，满足用户对保险服务、智能服务以及增值服务的要求。

二、"物联网 + 保险"的关键技术

在当前的智能化时代，物联网技术与设备应用的广度和深度都在不断提

升，并为各行业领域带来了新的发展机遇。在保险业领域，各种类型的物联网设备能够收集与保险相关的海量数据，为保险公司带来丰富的数据源，保险公司通过数据融合分析，可以掌握用户的行为习惯和保障需求，从而有针对性地研发相关保险产品，为用户提供个性化的保险服务，同时还可以预测风险，通过提醒客户做好防范来降低自身的索赔成本。

物联网与保险领域的融合将会催生一系列基于物联网的保险科技，这些新技术将会加速保险业智能化发展的步伐。

1. 可穿戴技术

可穿戴技术是指用于探索或创造可穿戴设备的一种技术，这种技术能够研发出多种类型的可穿戴设备，包括独立穿戴设备和嵌入式穿戴设备等。可穿戴技术通常在人寿保险和医疗领域应用较为广泛。

可穿戴设备能够实现对用户数据的智能感知和动态捕捉，不同类型的设备可以收集不同的数据，比如，血糖仪可以实时收集用户的血糖值，计步器可以记录用户的运动数据，心率检测器可以感知并收集用户的心率数据等，这些数据可以同时提供给用户、保险公司或医院，既可以帮助用户了解自身的健康状况，也可以扩充保险公司或医院的个人数据库。

此外，保险公司还可以通过分析数据了解用户的生活习惯、健康状况等，从而为用户提供相应的保险产品，医院也可以为用户提供生活建议等。

2. 传感器技术

传感器技术的应用范围十分广泛，在保险领域，传感器技术既可以用在家庭财产方面，也可以用在汽车驾驶方面。

在家庭财产安全方面，用户可以在家中安装多种类型的传感器，比如，在厨房安装温度传感器和烟雾传感器，当厨房发生火灾时，传感器可以第一时间将相关数据传递给用户和保险公司，用户可以及时采取抢救措施，保险公司也会在第一时间进行理赔。当然，保险公司也可以通过数据分析提前预测可能发生的风险，并提前预警，降低索赔损失。再比如，在门窗附近安装力传感器，当门窗受到非正常力量时，传感器可以将数据传递给用户和保险公司，保险公司通过数据分析提醒用户做好盗窃防范措施。

在汽车安全驾驶方面，保险公司可以与汽车公司合作，在汽车上安装传感器，利用传感器捕捉用户的驾驶习惯、驾驶行为、行驶距离等信息，为用户定制个性化的车险产品和寿险产品。同时保险公司也可以通过数据分析为用户提供驾驶建议，降低驾驶风险。

传感器技术在保险领域的应用可以帮助保险公司准确掌握相关数据的变化情况，既可以通过提醒客户做好预防来降低索赔成本，也可以通过数据分析避免欺诈行为。

3. 地理信息系统

地理信息系统能够提供与地理环境相关的数据，包括气候、地形、水文等。地理信息系统在保险领域的应用，可以帮助保险公司分析可能发生的自然灾害风险，如水灾、旱灾、风暴等，从而为人们提供相应的保险产品，比如农作物保险、财产保险、房屋保险、人寿保险等。此外，保险公司也可以通过对这些灾害的预警提醒人们做好防范措施，进而降低索赔成本。

4. 物联网数据

物联网时代的到来让社会各个领域实现互联互通成为可能，如此一来，保险领域的数据便得到了极大扩充，且数据也更加细致、全面，同时物联网、大数据分析等技术的应用也使得数据的价值得到充分发挥。保险公司通过对海量数据进行整合、分析，能够实现风险精准评估、产品精确定价、必要储备准确估算等。

基于这些优势，保险公司能够大幅节省索赔成本。一方面，保险公司基于精准的风险评估和预测，可以提醒客户提前做好风险防范措施，降低或避免客户的风险损失，从而降低保险公司的索赔支出；另一方面，当客户发生风险申请理赔时，保险公司通过对历史数据和实时数据的分析，可以明确风险发生的原因，从而避免欺诈行为的发生，或者触发一些免责条款，进而降低索赔损失。

当然，物联网数据的收集也离不开各类传感器，因此，保险领域的各类关键技术实际上是互联和协作的关系。商业保险公司可以通过物联网技术研发安全系统、访问控制系统、追踪设备等，对承保标的的状态进行实时监测。人寿保险公司也可以通过传感器收集客户的身体状态数据，弥补传统数据采集不充分、不准确的缺陷。

三、基于物联网的保险价值链重塑

保险企业的风险管理建立在数据收集与挖掘的基础之上。保险企业可以通过数据挖掘与分析对风险发生概率进行预测，利用风险模型对标的物的风险进行评定，从而实现风险管理。从某种程度上说，保险行业天然具有大数据基因。

在物联网时代，保险企业可以利用智能互联产品持续不断地获取所需信息，尤其是与产品和客户有关的信息，通过对这些信息进行处理、分析、整合、挖掘以获得更大价值，从而重塑核心竞争力。对于保险企业来说，数据是核心资产。如何利用各种技术手段对数据进行挖掘分析、并借助数据分析结果作出科学决策，是保险企业成功应对市场竞争的关键。

1. 精准定价

对于保险企业来说，费率厘定是一项核心业务，但经常却因为精算数据不足而无法制定出对客户具有吸引力，同时可以应对同业竞争的费率标准，而且也无法为新的险种设计提供强有力的数据支持。

在物联网技术的支持下，保险企业可以更加全面地获取投保标的物及环境、投保人行为等数据，切实提高风险精算定价水平。例如，保险企业可以利用GPS定位系统、驾驶行为收集与监控系统收集车辆行驶状况、驾驶行为等数据，创建与驾驶人驾驶行为相契合的定价模型，实现精准定价。

2. 风险控制

在风险控制方面，在物联网出现之前，保险领域的损失控制没有表现出太大的价值。进入物联网时代之后，保险企业借助大数据分析技术能够提前感知意外，并在意外发生之前给出预防性维护建议，从而防止意外发生，实现损失控制。随着损失控制的价值得到充分释放，保险不再是功能单一的风险融资工具，也同时可以实现对整个风险过程的管控。

在物联网技术的支持下，保险产品可以提供在线监测、定位追溯、报警联动、调度指挥、预案管理等风险预警功能，从而降低风险发生概率，减少风险造成的损失。另外，在大数据技术的支持下，保险可以改变被动保障模式，转向主动防范。

例如，久隆财险借助实时获取的装备工况信息及环境信息，对潜在风险进行精准识别，为客户提供规避风险的建议与方案，从而消除风险，降低损失。

3. 核保与理赔

在核保与理赔环节，保险企业可以利用保险技术重塑涵盖费率厘定、核保、投资、再保险、理赔等核心业务流程的企业价值链，形成以大数据为核心的价值闭环，从而提高工作效率，带给客户更优质的服务。

总而言之，物联网、大数据等技术在保险行业的应用，能够切实帮助保险企业提高费率厘定的精准度以及核保与理赔的效率，使损失控制的价值充分发挥，进一步降低赔偿损失，驱动保险业务模式的创新升级。

4.个性化保险定制

在物联网技术的支持下，保险公司可以对保险标的物的风险状况进行动态跟踪，掌握保险标的物的风险偏好以及相关的行为特征。例如，保险公司可以借助智能可穿戴设备掌握投保人的身体状况，对投保人可能面临的健康风险进行动态监测，绘制投保人风险图谱，为投保人定制保险与健康管理服务。

保险公司还可以借助物联网设备增进与客户的沟通和交流，利用物联网数据对客户群体以及产品责任进行细分，打造碎片化的服务场景，根据客户需求为其定制风险保障服务，与同行业其他企业开展差异化竞争。

随着业务模式发生改变，保险行业涌现出新的业务内容以及业务主体，业务流程也在重构。在此形势下，保险企业必须把握经济发展趋势，从宏观层面把握整个行业环境的变化，主动调整业务流程，积极引进大数据技术与人才，推动业务模式创新。

四、美国"物联网＋保险"的实践启示

技术对保险行业的影响在过去十年已经表现得非常明显，进入物联网时代之后，这种影响将变得更加深刻。随着物联网技术不断成熟，各种新型设备层出不穷，保险公司可以利用的数据越来越丰富，可以通过数据分析深入洞察客户行为，挖掘客户的潜在需求。通过对物联网数据的集成应用，保险物联网将呈现出一种新范式，颠覆保险行业原有的价值链，并对整个社会风险领域的战略产生深远影响。

下面我们通过介绍美国保险领域应用物联网技术的典型企业来为我国保险行业的智慧化转型提供借鉴。

1.IBM 的 Watson 物联网平台

IBM 的 Watson 物联网平台能够连接各种物联网设备，并且拥有庞大的数

据规模，允许用户通过应用程序进行访问。Watson具备四项强大的基本功能，即设备连接、信息管理、数据分析、风险管理。

在保险领域，Watson物联网平台能够整合并分析客户所有与保险相关的信息，包括个人健康状况、地理位置、天气、安全系统、交通等，并通过数据可视化技术创建客户的完整动态视图，从而将客户信息和现状直观地展示给保险公司。通过分析客户的动态视图，保险公司能够掌握客户面临的风险，并为客户推荐个性化的保险产品，或为客户提供实时保护措施。此外，Watson物联网平台还能够简化烦琐的索赔流程，同时可以实现理赔自动化。

因此，Watson物联网平台能够增强客户与保险公司之间的联系。一方面，保险公司为客户提供风险预警和个性化建议，能够大幅降低客户发生风险的概率，从而提升客户的生活质量；另一方面，自动化理赔能够节约双方的时间成本，而且可以提升客户的满意度和忠诚度，进而帮助保险公司提升竞争优势，实现持续发展。

2. 奥斯卡健康保险公司

奥斯卡健康保险公司（Oscar Health Insurance）是一家基于互联网的新兴医疗保险公司，可以为客户提供多种健康保险产品。

由于奥斯卡健康保险公司具备浓厚的互联网基因，因此其发展眼光较为超前。早在成立之初，公司就尝试开展健康保险模式的变革，推动健康保险由事后补偿转变为事前预防补偿。在之后的发展中，为了拓展用户，奥斯卡健康保险公司与Misfit（一家智能穿戴医疗设备生产商）开展合作，推出一款智能运动手环。用户在购买奥斯卡健康保险公司的健康保险后会免费获得这款手环，并且这款手环能够通过互联网与奥斯卡健康保险公司的手机应用实现实时互联，奥斯卡健康保险公司每天通过手机应用为客户下达运动步数目标，当客户达标次数达到20次时就会获得现金或礼品卡奖励。

这种奖励机制能够大幅提升客户的运动积极性，客户通过运动也可以逐渐提升身体素质，因此发生健康风险的概率就有可能降低，这样也可以降低奥斯卡健康保险公司的理赔数量，从而节省其理赔成本。

3. 前进保险公司

美国前进保险公司（Progressive Insurance）使用UBI（Usage-Based Insurance，基于使用量而定保费的保险）对投保人的驾驶模式进行远程监控。对于有投保意愿的客户，前进保险公司会使用OBD（On-Board Diagnostic，车载自动诊断系统）和机器学习技术对其在每次驾驶过程中的行为表现进行判断，然后根据所掌握的信息为其定制保险费用。这种方式不仅可以降低安全性比较好的驾驶员的保险费用，而且可以鼓励驾驶员的安全行为，降低交通事故发生率。

此外，前进保险公司还与车联网设备制造商Zubie公司合作，将物联网设备嵌入投保人汽车仪表盘的底部，对汽车的运行状况进行监测，并将收集到的数据传输至投保人的智能手机，帮助投保人及时发现汽车存在的问题，及时进行处理，以免在行驶过程中发生意外。另外，Zubie系统还包括汽车与驾驶员监测和分析系统，可以帮助保险公司了解驾驶员的驾驶习惯、行驶路线等信息。

4. 利宝互助保险公司

美国利宝互助保险公司（Liberty Mutual Insurance Group）与Google Nest合作向客户赠送Nest智能烟雾探测器，并承诺对安装并使用该设备的用户下调5%的保险费用，前提是该设备必须连接Wi-Fi，并保持正常的工作状态。

在此条件下，Nest智能烟雾探测器可以敏锐地感知环境中的烟雾或者一氧化碳，并将相关信息发送到用户手机，发出警报，指导用户及时采取处置措施，降低火灾发生风险，从而降低保险公司的保险支出。

5. 约翰·汉考克保险公司

作为美国保险行业的领军者，约翰·汉考克（John Hancock）利用可穿戴设备对投保人的健康状态进行监测的时间非常早。约翰·汉考克与Vitality（健行天下）合作，向投保人赠送Fitbits智能手环，以便对投保人的身体状况进行跟踪监测。投保人佩戴Fitbits智能手环，可以实时监测身体的各项指标，例如血压、心率、脉搏等，在发现异常时及时采取处置措施，降低意外发生风险。

约翰·汉考克还与苹果公司合作，在英国推出"活力健康""活力寿险"保险计划，承诺以0～59英镑不等的价格向符合条件并注册参与上述保险计划的用户提供一块自带GPS功能的苹果手表。条件是用户必须在两年内定期锻炼，每个月获得160个及以上活力活动点数，就可以免费获得手表；如果没有定期锻炼，就要通过分期付款的方式购买手表。约翰·汉考克通过这种趣味性的活动培养用户定期锻炼的习惯，让用户保持身心健康，降低患病风险，进而降低索赔概率。

第 15 章
物联网保险产品的创新路径

一、物联网保险产品的技术架构

我国的物联网技术虽然发展速度极快，但相关应用尚不成熟，且应用范围有限，起初只应用于电力、化工等领域，近几年才开始向城市管理、交通管理等民用领域发展。在保险领域，物联网的应用范围更小，基本只局限在车联网方面。未来，随着物联网技术不断成熟，其在保险行业的应用范围将不断拓展，下面我们从技术架构、产品本身等角度切入，对基于物联网的保险产品的创新路径进行深入探究。

从技术层面看，物联网的技术架构可以分为三大模块，如图 15-1 所示。

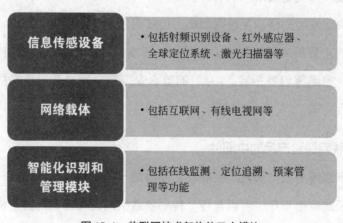

信息传感设备	• 包括射频识别设备、红外感应器、全球定位系统、激光扫描器等
网络载体	• 包括互联网、有线电视网等
智能化识别和管理模块	• 包括在线监测、定位追溯、预案管理等功能

图 15-1 物联网技术架构的三大模块

因此，基于物联网的保险产品的技术架构也可以分为三大部分。

1. 保险产品服务云

保险产品服务云具有三大功能，一是运行相关程序，二是存储数据，三是为客户提供服务。简单来说，保险产品服务云可以看作一个汇聚了大部分保险标的物信息的应用。各个保险公司可以通过这个应用自主安装程序并运行程序，对保险标的物信息进行采集并存储。

保险产品服务云的创建方式有两种，一是保险公司单独创建；二是保险公司与可以提供云功能的科技公司合作共同创建，这些科技公司包括阿里巴巴、亚马逊、百度、苹果、微软、谷歌等。需要注意的是，不同的科技公司所能提供的云功能不同，例如亚马逊、阿里巴巴主要提供基础的云计算服务；苹果、百度主要提供存储服务；微软、谷歌主要提供云服务，包括比较复杂的云计算服务。为了能够选择一种合理的方式创建保险产品服务云，保险公司首先要明确对标的物的管理目标，根据这个目标进行选择。

2. 保险产品终端

保险产品终端可以根据保险标的物的数据流动方向分为两种类型，一类是数据访问端，一类是数据产生端。

但是快速发展的移动互联网颠覆了传统的"端"的概念，促使"端"的范围从传统的主要用来采集数据的传感器、智能硬件、可穿戴设备向智能手机、平板电脑、电脑等设备拓展。"端"的概念变得越来越复杂，最终从单一终端演变为复合终端。

3. 物联网保险产品的中间件

保险产品服务云与保险产品终端之间需要一些硬件、软件连接，例如支持访问服务云的应用程序、可以与各个传感器通信的硬件接口与通信协议等，这些软硬件就是"中间件"。目前，全球比较知名的中间件生产商大多在国外，以IBM、Oracle、微软等企业为代表，国内涉及中间件业务的代表性企业主要是用友、金蝶等软件厂商。

二、物联网保险产品的类型

基于物联网的保险产品与传统的保险产品属于同一类产品。引入整体产品概念之后，保险不再只是保险公司与投保人之间订立的契约，也为基于物联网的保险产品的发展提供了一定的支持。根据整体产品的概念，基于物联网的保险产品主要包括三大类，如图15-2所示。

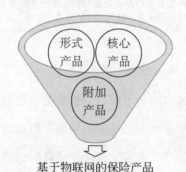

基于物联网的保险产品

图 15-2   基于物联网的保险产品的主要类别

1. 核心产品

基于物联网的保险产品的核心产品主要用来满足投保人的核心需求，即在投保人遇到风险时为其提供一定的经济补偿，体现了这类保险产品的基本效用。

2. 形式产品

为了让投保人更好地理解"风险发生时的经济补偿"这个比较抽象的概念，保险公司需要将抽象的概念具象化。于是，基于物联网的保险产品就具备了物联网的典型特征，主要表现在以下几个方面，如表15-1所示。

表 15-1　基于物联网的保险产品具备物联网典型特征的表现

表现层面	具体表现
特征方面	基于物联网的保险产品既具有一般保险产品的基本特征，即经济性、互助性、契约性，还在物联网技术的支持下，使得保险标的物具有在线监测、报警联动、预案管理、调度指挥、定位追溯等功能
样式方面	基于物联网的保险产品不仅可以通过销售合同明确经济补偿权，还可以在智能手机、传感器等智能终端的辅助下完成整个保险过程。除此之外，保险公司还需要借助网络获取保险标的物的相关信息。所以，网络也是基于物联网的保险产品存在的重要条件
品质方面	投保人购买保险的目的一般是预防风险，并不希望风险发生。而基于物联网的保险产品可以对保险标的物进行监测、预警，最大限度地满足投保人预防风险的需求，为投保人更合理地规划保险产品，帮助投保人降低投保成本，让核损更科学、更精准
商标与包装方面	基于物联网的保险产品在包装与商标设计方面会突出物联网这一技术，会与传统的保险产品有所区分，以为后续的差异化定价、差异化竞争奠定良好的基础

3. 附加产品

面对保险行业愈发激烈的竞争形势，保险公司想要牢牢地占据市场，不仅要精心设计产品，还要深度挖掘产品的附加值，以更高的附加值取悦客户、赢得竞争。相较于传统保险产品来说，基于物联网的保险产品在附加产品方面具有以下三个层面的特征，如表 15-2 所示。

表 15-2　基于物联网的保险产品在附加产品方面具有的三个层面的特征

特征层面	具体特征
咨询与服务层面	基于物联网的保险产品不仅会在投保人遇到风险时为其提供经济补偿，而且会为投保人提供保险标的物信息实时查询、风险预警、联动报警等服务，在最大程度上帮助投保人减少损失
安装与配件层面	相较于传统的保险产品来说，基于物联网的保险产品增加了需要联网的末端设备，为了保证末端设备正常运行，保险公司需要安排专人负责对末端设备进行安装、调试，而且要储备一些需要频繁更换的配件。为此，保险公司可能需要和设备供应商建立长期稳定的合作
保证与承诺层面	相较于传统保险产品来说，基于物联网的保险产品承诺的范围更广，不仅承诺为投保人提供风险发生时的经济补偿，而且可以借助物联网技术培养投保人良好的生活习惯与工作习惯，从而兑现相应的服务承诺

以整体产品的概念来审视基于物联网的保险产品，要打破常规的产品分析理念，不能只考虑产品某个方面的内容，要对产品的整体服务策略进行统筹规划，引导保险公司改变"保险就是一纸契约"这种意识，在保险产品中融入更多新鲜、具体的体验元素，迎合体验营销的发展浪潮，创造体验经济。

三、物联网保险产品的创新价值

相较于传统的保险产品而言，具有极强创新性的物联网保险产品无疑具有引人注意的创新价值。物联网保险产品的创新价值大致上可以从客户和保险公司的角度进行分析，具体如图15-3所示。

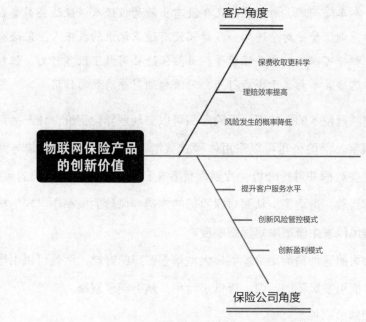

图 15-3 物联网保险产品的创新价值

1. 客户角度

（1）保费收取更科学

对于投保人来说，他们选择哪家保险公司投保、是否投保，在很大程度上取决于该公司保费的高低。在现实生活中，很多投保人对保险存在一定的误解，认为商业保险是一种骗局，"从来不出险，白交保费"的说法一直不绝于耳。面对消费者的这种态度，保险公司总是备感冤枉，但事实上，对于很多具有较强风险意识，而且可以有效防范风险的消费者来说，他们遇到风险需要保险公司赔付的概率远远低于那些风险意识不强且无法有效防范风险的消费者，但却要支付相同的保费，这本身就是一种不公平。因此，投保人对保险产品的价格非常敏感，总是倾向于选择保费更低的保险产品。近几年，一些保险公司意识到了这一问题，而且尝试采用各种方法消除消费者的不公平心理。

例如，在车险领域，对于连续几年没有出险的投保人，保险公司会在下一个年度自动下调保费；对于连续一段时间没有违章记录的投保人，保险公司会赠送积分，积分可以抵一部分保费等。虽然保险公司做了很多努力，但对于消费者来说，这些策略都属于事后行为，无法起到引导消费的作用。

而在物联网技术的支持下，保险产品可以实现差异化定价，让产品定价更精准、更科学。保险公司可以采用体验式营销，让消费者试用终端与网络设备，采集相关数据并进行分析，找到消费者在日常生活中可能遇到的风险点，例如健康、驾驶、运动等，从而对保险标的物遇到风险的概率作出较为准确的判断，根据风险发生概率确定保费额度。

保险公司的这种精准定价能够极大地增强客户的好感，而且可以引导客户改善一些可能引发风险的习惯，降低出险率，从而实现双赢。

（2）理赔效率提高

在整个保险流程中，理赔是非常重要的一个环节，理赔效率的高低会直接影响客户是否续保。按照传统的保险理赔流程，客户遇到风险需要出险时需要拨打保险公司的电话，并提供详细的保险信息。事实上，当风险发生时，客户可能处在焦虑、恐慌状态，很难清晰地描述保单信息以及出险情况，不得不反复与保险公司的客服人员沟通，而且要配合工作人员勘验现场、准备出险材料，使得理赔周期比较长，整个过程体验不佳，便有可能失去续保意愿。

在物联网技术的支持下，保险公司可以为保险产品增添"一键报险"功能。客户遇到风险之后可以使用这一功能，将相关信息上传到保险产品服务云，自动与云端存储的客户信息进行匹配，节省资料核实、现场勘验的时间，简化理赔流程，提高理赔效率，让客户享受到便捷、高效的理赔体验。

(3) 风险发生的概率降低

在物联网的支持下，保险产品具备了风险预警功能，可以在很大程度上降低风险发生概率，减少投保人的损失。

例如，在人身保险方面，根据世界卫生组织发布的全球慢性病调查报告，在我国的死亡人口中，因慢性病死亡的人数比例达到了超高的水平，很多人已经到了"谈慢性病色变"的地步。事实上，研究表明，相当比例的慢性病是可以预防的。

基于物联网的保险产品可以利用智能手环、智能手表等可穿戴设备对投保人的体重、体温、血压、血糖、脉搏、心率等健康指标进行实时监测，当发现某个指标超出安全阈值时就会发出警示，提醒投保人及时就医，改正不良的生活习惯以及行为习惯，从而降低投保人发生重疾或者死亡的风险，进而降低出险率。

2. 保险公司角度

(1) 创新盈利模式

从盈利模式来看，基于物联网的保险产品与传统保险产品有很大不同。基于物联网的保险产品可以采集保险标的物的相关信息，以这些信息为依据制定更合理的保费价格，在最大程度上降低风险发生率；并且可以为客户提供多元化的服务，拓展新的保险险种。因为以物联网技术为依托，所以产品的科技含量更高，而且比较注重产品体验。

为了满足基于物联网的保险产品的发展要求，保险公司还可以与通信服务商、终端设备供应商合作，共同为投保人提供增值服务。

例如在车联网保险领域，为了消除家长对刚拿到驾照的年轻人独自上路行驶的担忧，State Farm 的车联网保险推出远程监控功能，让家长可以远程监控孩子的驾驶行为，防止意外发生。

事实上，物联网不仅可以应用于车险、健康险，还可以用来拓展一些新型保险，例如大气质量险、农产品农药超标险等，为保险公司创造新的利润增长点。

(2) 创新风险管控模式

保险公司必须坚持以诚信为本，坚决抵制虚假承诺、告知不实、保费挪用、骗保骗赔等失信行为，以免增加经营风险，导致经营管理成本大幅增长。

基于物联网的保险产品可以广泛收集保险标的物的状态信息，在风险发生之前做好预防工作，在风险发生之后及时响应，并快速处理，摒弃传统的被动管理风险事故的方式，转向主动干预，从而降低风险发生概率以及理赔成本。

例如，在车联网保险领域，车辆发生碰撞之后，车载设备会将车辆发生碰撞之前的行驶速度、行驶方向等信息记录下来，为保险公司进行事故定性提供科学依据。

(3) 提升客户服务水平

与传统的保险产品相比，基于物联网的创新性保险产品能够有效提升客户服务水平，进而提高续保率。

- 基于物联网的保险产品可以根据投保人的需求为其提供保险服务，提高保险公司的服务价值；

- 基于物联网的保险产品可以为投标人定制保险产品与风险解决方案，拓展服务内容与服务形式，在客户遇到风险时快速响应，让客户享受到更加优质的保险服务；
- 保险公司可以利用基于物联网的保险产品增进与客户的联系，提高客户的忠诚度以及续保率。

目前，保险行业处在发展的关键阶段，想要实现进一步发展，必须改变过去粗放式的经营模式，积极创新。对于保险行业来说，基于物联网的保险产品为其创新发展提供了一条新思路，值得深入探索研究。

第 16 章
智能互联：重构传统保险模式

一、物联网驱动下的金融科技

随着大数据、互联网和智能感知等信息技术的快速发展和融合应用，物联网获得飞速发展，在各个领域的应用变得越来越广泛和深入。其中，物联网在金融领域的融合应用促进了金融行业的创新发展，整合出物联网技术和金融业务互相渗透的新应用——物联网金融，推动了金融模式的革新。

在金融领域，保险具有举足轻重的地位，将物联网技术与保险相融合既可以帮助保险企业全方位掌握标的物、环境、投保人行为等数据，保证数据的真实性和可靠性，提高风险精算定价水平；也有助于保险模式的更新升级，提升保险的个性化服务和全过程管理水平，增强风险防范能力，变事后赔付为事前防范。

当前，物联网技术正逐渐渗透到金融行业当中，且在金融业务当中有了越来越成熟的应用，应用场景也逐渐丰富。接下来我们就对物联网创新金融科技的四大应用场景进行分析，以此切入物联网对保险模式的重构。

1. 应用场景 1：金融安防监管

在安防方面，银行通常会通过将红外高清监控摄像机、报警装置和探测器等设备安装在各个营业网点、ATM机网点和金库等业务场所并联通网络的方式来完善监控和安防网络，增强对盗窃、抢劫等违法犯罪行为的监管和防范，从而为金融业务活动安全提供技术和设备上的支撑。

不仅如此，银行还会将各种物联网技术和应用融入管理工作当中，实现钱箱定位、金库涉库人员定位等功能，进一步优化安防监控系统，提高动态管理水平，保障金库安全。

2. 应用场景 2：金融支付

金融 IC 卡是以芯片为介质实现转账结算、现金存取、消费信用等金融功能的工具，融合了金融服务和现代信息技术，凭借功能多、保密性好、支付安全等多种优势而被银行大力推广。与此同时，金融领域和科技领域也积极融合互联网、智能终端和金融科技平台等不断革新支付方式，打造能服务于多种支付场景的移动支付，在未来，也将会有更多的物联网技术融入移动支付中，进一步优化支付方式。

3. 应用场景 3：银行信贷

传统的动产融资存在重复抵质押、押品不足值、货权不清晰、预警不及时、监管过程不透明、押品不能特定化、监管方有道德风险等问题，这些问题的存在会为融资活动带来巨大的风险隐患，影响融资安全。

2015 年 6 月，平安银行与物联网领域的领军企业合作，推出物联网金融。物联网技术在金融领域的应用革新了动产融资方式，银行可以利用智能监管系统和各种传感设备对抵质押的动产进行智能化识别、跟踪、定位、监控和管理，从而实现全方位动产监管，有效防范动产质押的风险。不仅如此，银行还可以通过物联网系统从各个角度全面把握小微企业生产和销售的各个环节的实际情况，并根据企业的实际需求和融资进度进行放款，帮助小微企业解决贷款问题。

4. 应用场景 4：供应链金融

物联网技术在供应链金融和物流金融领域的应用有助于企业拓宽存货融资

范围，并辅助企业实现及时有效的信息监管，从而快速掌握相关销售信息，提高对供应链链条的控制能力。以五粮液RFID（Radio Frequency Identification，射频识别技术）为例，该技术的应用实现了酒类产品在各个供应链环节中的防伪追溯，2013年，平安银行还将RFID溯源技术运用到五粮液成品酒的货押业务中，利用RFID技术收集到大量押品信息。

二、基于车联网的 UBI 车险模式

车联网就是车辆物联网，它融合了各种信息通信和传感技术，能实现车辆、人、道路等之间的相互连接，并实时感知、采集和处理车辆状态信息和数据，进而实现智能化交通管理、智能化车辆控制以及智能动态信息服务决策等功能。

近年来，各种新兴技术在汽车领域的应用层出不穷，相关应用和技术的融合和创新也对车联网的发展起到极大的推动作用。我国的许多汽车厂商、互联网厂商、终端软硬件提供商等都积极投身于对车联网的研究当中，不断革新车联网技术和产品，扩大车联网的应用范围，并推进车联网应用走向市场化和产业化。

在保险领域，车联网能够通过采集和分析大量关于人、车、路和环境的信息数据来强化风险管理，帮助保险公司提高主动管理和应对风险的能力，减少车辆安全事故和理赔成本支出，同时还可以在一定程度上解决骗保问题，从而确保承保收益，为保险企业稳定运营提供保障，并进一步推动车险领域的发展。

除此之外，车联网还具有实时信息交互、提供综合服务和创新保险定价模式的功能，既能通过改善服务来优化客户体验，提高续保率；也能够为车险行业带来基于使用量而定费的车险产品，大大提高保险企业在产品定价方面的科学性和合理性。

在UBI车险模式下，保险公司在对车险产品进行定价时，会根据不同客户的车辆的实际驾驶时间和驾驶方式等多项因素进行综合评定，并按照评分为驾

驶行为安全的客户设置较低的保费。

具体来说，车险企业借助车联网设备能够感知和记录客户的驾驶行为和驾驶习惯，通过数据分析推断客户的驾驶风险水平，并为客户创建专属风险模型。根据客户行为习惯和外界环境预测事故发生的风险，精准评估车辆和驾驶者的驾驶风险，进而以此为依据对不同驾驶人和不同车辆的车险保费进行调整，进一步提高保费的公平性和科学性。

目前，在欧美地区的一些发达国家，车联网的发展速度比较快，因此UBI的应用范围也更加广阔。在美国，随着美国保险监管机构对UBI产品的态度逐渐转变，UBI车险产品不断创新发展，在各个保险公司的渗透率也不断提高，各家保险公司都积极研发并推出UBI产品。英国、法国、意大利等国家也有不少保险公司纷纷推出UBI产品。

在我国，有许多终端厂商和互联网企业十分关注车联网技术，积极研发车联网相关应用，并在车联网各个细分领域布局。就目前来看，我国的车联网技术和应用还处于发展初期，大多数保险公司都还处于关注或研究试点阶段。但随着车联网技术的不断发展，车联网应用与保险行业融合的紧密度将持续上升，对保险行业来说，推进车联网保险已势在必行。

随着我国汽车保有量的快速增长，车险业务快速发展，车辆保险逐渐成为我国财产保险业务中的主要险种。现阶段，我国的车险定价正在由保额定价模式转向保额和车型结合的新模式，商业车险条款费率管理制度改革将在全国范围内持续推进，车险费率将走向市场化，保险公司的定价权和消费者的自主选择权也将得到充分的保障。随着车联网的发展和广泛应用，基于车联网的UBI产品也将迅速发展，并有望变革车险模式和车险市场格局。

三、商业健康险模式的创新与变革

健康管理指的是为了保障身体健康和生活质量有效利用各类资源对个体或

某一集体的健康危险因素进行全方位管理的过程。良好的健康管理能够通过健康指导和危险干预等方式降低人们的患病频次，从而帮助人们实现疾病防治，减少在医疗方面的支出，大幅提升生存质量。由于健康管理是源自医疗保险领域的概念，因此健康管理与健康保险之间存在十分紧密的联系。

从经营管理的角度来看，对客户来说，健康管理能够有效降低患病概率，减少在医疗费用方面的支出；对保险公司来说，客户长期保持身体健康有助于降低赔付率和经营风险；从产业发展的角度来看，健康保险不仅能够为人们的健康管理提供保障，还能促进健康管理市场快速发展，并在一定程度上提高健康管理产业的利润。

健康保险的经营管理工作中存在许多难以解决的问题，比如道德风险、逆向选择、药品和医疗器械的价格居高不下以及医疗机构缺乏有效的管控措施等，因此全球范围内健康保险的发展都相对缓慢。随着我国社会的发展和人们经济水平的不断提高，相关部门对医疗健康的重视程度越来越高，不断完善和改进医疗保障制度，同时人口老龄化的问题也日渐突出，但这也突出了我国健康保险行业在市场需求等方面的发展优势。

除此之外，物联网、可穿戴设备、移动互联网、医疗科技等先进技术的发展也推动了健康保险的创新发展，为革新健康保险经营模式和发展方式提供了便利。

- 人们可以通过佩戴各种智能可穿戴设备来对自己的身体状况进行实时感应和动态监测，充分了解自身的健康情况，并以监测数据为依据调整优化健康管理方式，进一步提高健康管理水平。
- 人们可以使用各种体征传感器对使用者的心率、血压、脉搏、体温、血糖等体征数据进行采集和对比分析，并根据分析结果对其健康状况进行精准的评估，实现动态的健康管理。
- 随着手机功能和应用的持续创新，手机将具备健康管理功能，能够帮助人们实现移动化、智能化的健康管理，具体应用如表 16-1 所示。

- 现代医学技术与物联网等现代信息技术的融合应用丰富了医疗领域的诊疗方式，实现了远程检测、远程诊断等应用，让医疗活动不再受距离的限制，患者只需借助感应终端、便携式检测设备和物联网系统等就能对自身的健康指标进行监测，并远程接受医院的医疗专家的诊疗，从而根据专家提供的专业的运动、康复和治疗计划来生活和治疗。

- 物联网系统能够为健康专家和医生的工作提供便捷，当患者向健康专家或医生进行咨询时，健康专家和医生可以在分析其健康指标后通过物联网系统以文字或音视频的形式向其提供专业的指导和健康管理解决方案。

表 16-1　智能手机在健康管理领域的三大应用

序号	具体应用
1	将可穿戴设备通过互联网与手机中的应用软件相连接就能够实现对人体健康的移动实时动态管理
2	在手机中集成检测和感应模块，并结合医学传感辅助设备，就能够对用户当前的身体健康状况进行准确、全方位的检测
3	随着手机的智慧化程度不断提高，手机所具备的功能和应用越来越丰富，未来的手机可能会具备辅助诊断和特殊人员监护等功能

从保险公司的角度来看，基于物联网的健康管理有助于其明确被保险人的健康管理目标，促进健康保险优化升级。在健康管理目标方面，保险公司可以根据明确的目标为被保险人提供有针对性的健康管理方案，以便被保险人更快地提升自身健康水平并实现健康管理目标；在健康保险方面，基于物联网的健康管理能够借助健康大数据不断优化健康保险产品，从而提高服务水平，革新健康保险模式，实现预防补偿和全面健康管理。

四、智能互联时代的财产险模式

当前，我国社会生活水平不断提升，人们的保险意识逐渐增强，对个性化保险产品的需求越来越高。在这一背景下，保险公司正在积极开展业务创新，不断探索与客户交互的新方法。随着新一代信息技术的广泛商用，智能物联网设备得到了迅速发展，并在各行业领域逐渐普及，特别是在家庭生活中的应用，为保险业的发展带来了更多可能。

财险企业可以借助智能物联网设备与客户进行更好的交互，强化客户的信任，了解客户的财险需求，推动财产保障与保险方式的创新和迭代，从而为客户带来更多创新型的财险产品。只有客户的财产得到充分保障，客户才会更加信任和依赖保险公司，对保险公司的忠诚度也会大幅提升，而这既能满足客户的财产保障需求，又可以提升保险公司的竞争力。

企业利用技术或先进设备的主要目的都是提升自身业绩表现，实现更好的发展，财险公司也不例外。例如，国外很多保险公司围绕"预防水灾"开展主题活动，旨在宣传水灾预防知识，并推出一些水灾预防的相关产品和设备，如水传感器等，但据统计，这些活动并未取得理想的结果，原因是客户认为水灾发生并非必然事件，即使发生水灾，也不会或很少对自身财产造成损失，因此，这种与人们利益相关性较弱的主题活动并不能引起人们的广泛关注。

案例所示的这类活动既然无法引起人们的关注，那么也就意味着无法为保险公司带来利益，这类活动也就失去了其原有的意义。那么，保险公司应当如何利用好物联网技术实现自身的持续发展呢？最重要的一点是提升客户的关注度和参与度。那么保险公司就应当分析客户的需求，从客户的切身利益出发，打造能让客户直接受益的产品。比较合理的切入点是家庭和安全，保险公司可以借助物联网技术为人们打造相关的产品和服务，在让用户获得保障的同时，也使得保险公司获得收益。

通常，与家庭和安全相关的智能物联网设备在投入应用后，不会立即给保险公司带来巨大收益，却能得到客户的高度认可。例如，美国软件公司Notion曾针对家庭安全推出一款家用物联网设备，该设备能够通过传感器实时动态地感知客户房屋的温度变化、门窗状态等信息，同时通过无线网络实现与客户手机的实时互联，并将感知的信息实时传输到客户的手机上，客户就可以随时随地掌握家中的安全情况。公司数据显示，客户与该设备的互动非常频繁，尽管有时并非要知晓家中是否安全，只是想要了解家中的基本情况，比如房屋内的温度是否舒适等，客户也会习惯于通过该设备进行查看。

客户与这些设备的频繁互动虽然不能直接为保险公司带来收益，但是能够增强客户对该设备的依赖程度，也就能够强化客户对保险公司的忠诚度，提升保险公司的净推荐值❶（NPS, Net Promoter Score），从而间接为保险公司带来收益。

从上述案例不难发现，保险公司应当以客户为中心，围绕客户切身利益研发技术或开发产品和服务，这样才能有效维护老客户，不断开发新客户，扩大市场规模，实现自身的长远发展。在智能互联时代，真正从客户利益出发的财产险模式需要聚焦于以下几个关键点。

1. 降低保险公司理赔损失

物联网设备的应用可以帮助客户降低财产损失，同时帮助保险公司降低索赔损失。物联网设备可以与风险标的进行实时互联，并通过智能传感器对标的状态信息和环境变化情况进行实时感知和记录，这些信息可以同时传输给客户和保险公司，提醒客户加强防护，这样可以有效降低客户的财产风险，也就降低了保险公司的理赔成本。

例如，为了保证家庭财产不受损失，人们会为家中财产投保，将财产被盗的风险转移给财险公司，而这仅是发生了风险转移，并不能从根本上减少这类风险。而智能物联网设备可以帮助保险公司精准掌握客户房屋的状态，比如门窗是否经常打开等，这样保险公司可以提醒客户适时关闭门窗，从而降低财产

---

❶ 净推荐值，又称净促进者得分，是一种计量某个客户将会向其他人推荐某个企业或服务的可能性的指数。它是最流行的顾客忠诚度分析指标，专注于顾客口碑如何影响企业成长。通过密切跟踪净推荐值，企业可以让自己更加成功。

智慧保险：保险业数字化转型战略与路径

被盗的风险，这样也降低了保险公司的理赔损失。

再比如，人们为了规避因房屋被洪水淹没而产生的财产损失，通常会为房屋投保，将风险转移给财险公司，而当财险公司为客户购买基于物联网技术的智能监控组件及程序后，理赔成本会大幅降低。

2. 个性化定制保险产品

基于新技术的智能物联网设备具备海量数据实时收集的功能，能够动态地收集大量真实数据，并借助大数据分析、云计算等技术进行数据整合和分析，从而精准掌握客户的保障需求以及可能的风险趋势，进而实现保险产品的个性化定制。这一方面可以满足客户的个性化需求，为客户带来优质的保险服务体验，从而增强客户黏性和对保险公司的忠诚度，提升企业的市场竞争力；另一方面能够变革保险业的业务流程和发展模式，使保险业务从被动保险向主动规避风险转变，降低企业的理赔成本。

实际上，智能物联网设备的应用不仅可以实现保险产品的个性化定制，而且可以有效提升客户与保险公司的信任关系。财险公司可以借助物联网设备对客户财产相关信息进行收集和分析，根据客户需求研发个性化财险产品，同时为客户提供一定的优惠，促进财险产品的销售。

例如，美国的智能家居保险公司 Hippo 已经将物联网设备融入房屋保险产品中，包括漏水检测仪、传感器等，通过数据收集来掌握客户房屋内的风险情况，提醒客户做好防范措施，保障客户财产安全。此外，该公司还计划基于这些数据实现保险产品动态定价。

3. 为用户提供保费折扣

物联网设备应用于财险领域，能够通过数据分析来预测风险，并通过提醒客户采取措施来降低风险发生的概率，从而降低保险公司的理赔成本，这样保险公司便可以为客户提供一定的保费折扣。

168

保险公司为用户提供保费折扣，也就意味着客户可以以更低的价格进行投保，从而能够节省客户的部分开支，对客户而言，这实际上是与他们切身利益相关的事情。也就是说，物联网设备的应用能够给客户带来利益，那么客户安装物联网设备的意愿便会大幅提升，这就为基于物联网设备的财险业务的发展提供了条件。

在财险领域，房屋是人们的重要财产，也是投保最多的标的之一。保险公司可以根据房屋内置研发各种类型的智能物联网设备，并将其安装在客户房屋内，形成基于物联网技术的智能安全系统。该系统可以对财产安全的相关信息进行实时收集与动态分析，确保财产安全，同时降低财险公司的理赔成本。

总体来看，智能物联网设备应用于财险领域，可以带动财险业进入智能化发展的阶段。不过从现阶段来看，物联网设备在财险领域的应用还刚刚起步，仍有巨大的探索空间。财险公司可以与资深物联网企业开展合作，不断汲取其优秀经验，推动自身的智能化发展，同时为物联网企业开拓更广阔的技术发展空间，实现互利双赢。

当然，财险企业在应用物联网设备和技术时，要注意循序渐进，初期注重积累经验，要聚焦简单数据的应用；中期注重全方位扩展物联网设备的应用领域和环节，并不断尝试复杂数据的应用；后期实现物联网设备与自身业务的深度融合，从而实现智能化发展。

在应对用户方面，财险企业一方面要站在客户的角度思考问题，准确掌握客户的保障需求和关注点，并基于海量数据研发个性化财险产品；另一方面要加强与客户的交流沟通，围绕客户的关注点阐明物联网设备的优势，同时还要在设备安装和使用方面给予客户充分的指导，使客户能够真正从物联网设备的应用中获益。这样保险公司才能增强客户黏性，提升自身的净推荐值，实现自身长远发展，最终实现财险领域的变革创新。

五、自然灾害与事故责任险的应用

我国是一个自然灾害频发的国家，近年来由于气候变化等方面的原因，自然灾害的发生概率有所增加。与此同时，由于民众缺乏安全意识和防范意识，加上企业运营不够规范，安全事故也时有发生。这些自然灾害和意外事故既损害了我国的社会经济和人民生命财产安全，也为保险公司带来了理赔方面的难题。

物联网技术的应用为人们带来了识别、预警、定位、追踪和监测灾害事故的新手段，让人们能够根据灾害预警及时对灾害事故进行防范，从而有效规避灾害事故，降低灾害事故风险，减少损失。与此同时，保险行业也可以利用各种物联网应用来防灾减损，并优化灾害保险、农业保险、财产保险、事故责任保险等各类保险的定价模式、承保模式和理赔服务模式等，进一步提升服务，加强保障。

由于传统的保险精算技术无法满足灾害保险在费率厘定方面的要求，因此保险行业需要借助物联网和传感器采集温度、湿度、振动、位移、下沉、倾斜、降水量、地质构造、土壤含水量等数据，并对采集到的大量数据进行全面分析，从而实现对灾害风险的科学评估，以便对灾害保险进行精准定价。

出现灾害事故时，保险公司可以利用物联网等先进的技术手段查勘定损。具体来说，保险公司可以根据物联网监测数据及时分析和判断出灾害事故的发生原因和责任归属，并借助物联网、遥感、无人机等多种技术全面查勘灾害事故现场，评估财物损失，从而在降低理赔成本的同时以全新的理赔服务模式实现高效率、高精度的查勘定损。

不仅如此，物联网技术在灾害事故保险领域的应用还促进了风险管理与灾害事故管理的协同发展，加快了灾害事故保险模式的革新速度。保险行业需要加快构建基于物联网的巨灾保险体系，提高对各类自然灾害的监测、预测、预警、实时预报和应急救助能力，并通过加大防灾减损力度来降低理赔成本。与此同时，保险行业也要充分利用物联网技术来推进各种事故赔偿保险的创新发展，实现由风险管理到事故管理的转化，并通过对事故的有效管理和预防减少火灾、爆炸、环境污染等安全事故的发生概率。

基于物联网技术的灾害事故预防预警能够促进保险模式的革新。对投保企业来说，由于保险公司对因未采取相应预警预防措施而造成的事故损失会采取免赔的措施，因此投保企业往往会更加重视风险管控，积极利用物联网技术强化自身的风险管控能力，降低发生灾害事故的概率。对保险行业来说，基于物联网技术的灾害事故预防预警能够加快保险模式从风险管理向事故管理转变的速度，能够有效规避灾害事故，减少保险企业在理赔方面的支出。

物联网在保险领域的应用能够有效扩大保险服务范围，并提高保险服务的精细化和智能化水平。不仅如此，融合了大数据、物联网等信息技术的保险行业还可实现保险模式上的变革。首先，它能够利用全量数据分析和精确预测等功能革新保险精算定价模式，进而提高保险产品定价合理性和准确性；其次，它还可以利用风险测量和个体行为分析等应用为客户提供有针对性的保险产品和服务；最后，它还有助于增强保险企业在风险防控和理赔方面的能力，实现风险可防、可控、可预期，从而帮助保险企业减少理赔成本支出，提高服务质量。

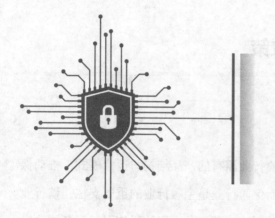

第六部分
监管科技

第 17 章
全球国家保险科技监管政策

快速发展的保险科技颠覆了保险行业原有的产品结构与运营模式，推动保险行业进入一个全新的发展阶段，而保险行业是金融行业的重要支柱，该行业发展的好坏可能对一国经济造成重要影响。基于此，保险科技引起了各国政府的高度重视，但不同的国家和地区对保险科技持有的态度以及采取的政策各不相同，下面我们对全球几个有代表性的国家对保险科技的监管政策进行具体分析。

一、美国保险科技的监管政策

美国对保险科技采取的是功能性监测政策，这种监管政策可以把握保险科技的本质，按照业务功能对保险科技进行分类，然后有针对性地采取监管措施，保证监管效果。这种监管政策的落地有一个很重要的前提条件，就是必须以成熟的监管体系为依托，否则很难发挥出应有的作用。

2016年11月，美国财政部联邦保险办公室（Federal Insurance Office，FIO）发布《关于保护保险消费者和获得保险的报告》，要求国家保险监管机构采取法律手段强化对保险公司大数据的监管。与此同时，FIO还采取制定相关法规、举办网络安全培训活动等一系列措施来加强政府监管部门以及保险公司对网络安全和数据保护的重视。

为了让保险监管机构能及时全面掌握保险科技的发展现状，加快探索新的技术监管方式的步伐，全美保险专员协会（National Association of Insurance Commissioners，NAIC）专门设立了创新和技术工作组。创新和技术工作组的主要工作是探索技术监管方式以及对其他工作组（大数据工作组、网络安全工作组、快速进入市场工作组）进行监督。其他工作组的工作职责如表17-1所示。

表 17-1　其他工作组的工作职责

组名	工作职责
大数据工作组	主要工作是采集保险相关信息，并将这些信息提供给国家保险监管机构，辅助其掌握保险公司的数据收集情况和营销、评级、承保、索赔等数据使用情况；研究国家保险监管机构在监管工作中的数据需求和技术需求，并通过向其提供数据和技术上的支持来提高保险监管的效率和成效，从而进一步保证保险公司和第三方数据使用的规范性和合法性，在一定程度上消除保险消费者的疑虑
网络安全工作组	主要工作是维护网络安全，并制定用于规范保险公司、经纪人等各个监管对象的行为的"保险数据安全示范法"，切实保障网络数据安全
快速进入市场工作组	主要工作包括 NAIC 保险产品备案、推动审核流程现代化、优化电子费率和表格申报系统以及促进保险产品相关措施和政策统一

2017年，美国国家经济委员会发布《金融科技框架白皮书》（以下简称《白皮书》），明确了美国政府对保险科技创新的监管原则，构建了保险科技监管的政策框架。总体来看，美国政府对保险科技的监管比较宽松，并且为了刺激保险科技创新，美国政府还鼓励各管理部门以及监管机构围绕保险科技创新出台一些利好政策。具体来看，美国政府对保险科技创新的监管主要秉持以下几大原则。

1. 构建完善的金融生态系统

一个国家的经济稳定需要强大、稳定、安全、可靠、完善的金融服务体系作支撑，而具备上述特征的金融服务体系的构建与维持需要利益相关方对金融生态系统进行全面思考，明确自己在整个金融系统中的定位。

在整个金融服务体系中，保险科技创新会颠覆人们以往的消费方式、支付方式、接触方式，会对现有的保险公司以及其他市场参与者造成一定的影响。这种影响有利有弊，保险行业的传统机构以及新进场的参与者想要趋利避害，最好的做法不是抵制保险科技创新，而是思考如何利用保险科技创新提高产品与服务的附加值，为消费者带来更多元化的服务，为投资人带来更多投资收益，为市场的可持续发展保驾护航。在此形势下，根据《白皮书》的要求，政府的主要职责是创造一个繁荣、可持续、拥有无限创新活力的金融服务行业，进一步惠及其他行业。

2. 以消费者为主

保险科技创新要坚持以消费者（包括个人客户与机构客户）为主，致力于为消费者提供安全透明、使用方便的产品与服务，提高消费者对保险机构的选择能力，并帮助保险公司拓展服务渠道，以更多元化的方式触及消费者，为其提供所需的保险服务。

3. 促进保险行业健康发展

保险科技创新应该更好地维护消费者的财务健康，提高消费者对保险产品与服务的包容性。对于消费者来说，接入保险系统固然可以获得一定的收益，但也要付出一定的成本。保险科技创新如果可以大幅降低成本支出，保证财产安全，那么就能使消费者的财务状况变得更加健康，进而促进保险行业实现健康发展。

4. 最大限度地提高透明度

保险产品与服务要最大限度地提高透明度，这一点对于防范保险危机来说非常重要。如果保险产品与服务过于复杂，无法被普通消费者理解，甚至令监管机构困惑，很有可能酝酿一场危机，引发严重后果。为了防止危机发生，根据《白皮书》的要求，保险行业的监管机构要通过行政手段、监管引导以及其他手段对相关机构进行教育，引导他们提高保险产品与服务的透明度。

5. 提高基础设施的效率与效用

保险科技创新离不开行业基础设施的支持。为此，相关企业与机构要加强基础设施建设，在保证基础设施利用效率的基础上推进创新，完善保险产品与服务的访问渠道，提高基础设施的安全性与稳定性，为保险科技创新奠定良好的基础。

6. 保证金融系统的稳定性

保险科技创新是一把双刃剑，最大的弊端就在于可能给保险体系带来一些潜在风险。因为人们对新型的保险科技认知不足，不了解这些新型科技会带来哪些风险，更没有完善的风险管控与应对措施。一旦风险发生，整个保险系统可能遭到重创。为了保证保险系统的稳定性，相关监管机构、保险科技公司以及相关政策制定者要通力合作，全面挖掘新型保险科技的潜在风险，并制定系统完善的应对措施。

7. 加强跨部门间的合作

政府、保险机构、保险科技公司要建立长期合作关系，尤其是政府要增进与保险科技公司的交流，及时了解相关技术与产品的发展情况，防范风险发生。同时，三者之间的长期合作还有利于在保险科技未来发展方向上达成一致，提高保险监管的有效性。

另外，对于保险科技企业来说，虽然它们可以通过科技创新颠覆行业原有的运行规则，改革保险服务渠道，创新保证产品与服务，但与此同时要吸取行业已有的教训，防范保险风险，而这就需要与其他金融机构合作。

二、英国保险科技的监管政策

面对保险科技创新，英国政府在合理监管的前提下，鼓励科技创新的理念。为了保证包括保险科技在内的金融科技创新能够处于世界领先地位，英国政府推出了"项目革新"计划与"监管沙盒"制度。

2011年，英国政府发布《金融监管新方法：改革蓝图》，拉开了英国金融监管体系改革的序幕。经过这场改革，英国金融监管原有的三方监管体制退出历史舞台，"准双峰"模式应运而生，并做出了一系列改革：首先，英格兰银行设立金融政策委员会，从宏观层面对金融系统风险进行监控与管理；其次，新设审慎监管局，主要负责对各类金融机构进行监管；最后，新设金融行为监管局，主要职责是对金融机构的业务行为进行监管，通过这种方式促进金融市场开展良性竞争，保护消费者的合法权益。

总体来看，为了鼓励保险科技创新，英国政府主要采取了以下几项措施。

1. 提供政策支持

为了支持保险科技创新，英国政府设置了很多专门的机构，并对保险科技行业的初创企业给予税收优惠，为其提供融资支持，为整个行业的创新发展创造了一个良好的金融监管环境。

2. 推出"监管沙盒"制度

2015年，英国金融行为监管局（FCA）提出"监管沙盒"制度，将计算机领域的沙盒机制融入对金融科技的监管中，驱动金融科技健康稳定发展。

具体来看，"监管沙盒"就是创造一个安全地带，所有进入这个地带的产品与服务，都可以享受监管部门宽松的监管政策，同时也要接受优胜劣汰法则的筛选，优秀的产品与服务将得到推广，不符合要求的产品与服务则会被淘汰。在这种机制下，英国保险科技行业迸发出前所未有的活力。

3. 提出项目革新计划

项目革新计划主要通过两个机制来鼓励保险科技创新，如表17-2所示。

表 17-2　鼓励保险科技创新的两大机制

机制	具体内容
机制一	通过孵化器帮助保险科技领域的初创企业获得金融行为监管局的许可
机制一	通过创新中心为保险科技企业提供发展建议，让企业明确自身责任，同时也鼓励企业结合实践成果为金融监管条例的修订与完善提供合理建议

除金融监管机构之外，英国还专门设立了许多行业机构和会员协会来推动包括保险科技在内的金融科技的发展。例如，英格兰银行组建的"利益共同体（Community of Interest, COI）"中集聚了各行各业的专业人士，他们掌握着海量金融科技信息，积极开展监管部门风险应对能力评估、编写关于发展现状和监管实践的内部文件以及自动驾驶汽车对车险市场的影响研究等工作。

三、德国保险科技的监管政策

在德国，保险科技支持体系越来越完善，监管部门在进行监管时会将保险科技企业（含外包服务企业）划分为保险公司（承担风险）和中介机构（分销渠道），根据相关政策的要求，划分的依据不是创新技术的应用情况，而是具体业务，当出现难以直接判定类别的保险科技企业时，则需要对其进行详细的分析。

德国对包括证券业、银行业和保险业在内的金融行业实行统一监管，监管主体是德国联邦金融监管局。德国联邦金融监管局鼓励包括保险科技在内的金融科技创新，并为此采取了比较宽松的监管政策，但这种做法有可能导致金融监管原则失效，无法对保险科技创新形成有效制约。为了避免这种情况发生，德国财政部与德国联邦金融监管局针对包括保险科技在内的金融科技创新发展发布了一系列措施。

德国财政部推出FinCamp系列活动，致力于在财务部、联邦金融监管局、传统金融企业与金融科技企业之间搭建一座桥梁，增进彼此之间的交流与互动，对金融科技未来的发展方向、发展趋势等进行探究，鼓励金融科技创新发展。

FinCamp的第一个活动在2016年举行，主题是"数字银行的未来"。为了积极响应这一活动，欧盟、德国政府以及欧盟复兴计划专项基金面向包括保险科技在内的金融科技领域的初创企业发布了创业支持计划，为初创企业提供税率更低、期限更长的贷款服务，帮助初创企业解决创业初期的资金难题。

除此之外，德国联邦金融监管局参照传统金融机构或产品的监管原则对保险科技公司与产品进行监管，以保证保险科技发展的合规性与合法性。

四、新加坡保险科技的监管政策

在新加坡，各项政策和法规都支持保险行业进行科技创新，新加坡金融监管局（Monetary Authority of Singapore，MAS）也在推进相关政策的制定和落实，符合政策标准的保险科技创新企业可以在未经批准的情况下推出创新产品，这为保险科技企业的创新发展提供了极大的便利，与此同时，为了增强各项制度与法规的实用性，新加坡还专门成立了金融科技与创新小组，进一步推动保险科技的发展。

同时，新加坡保险科技的创新发展得益于其正在推进的智能国家战略。在该战略的影响下，新加坡金融管理局希望借助包括保险科技在内的金融科技创新成果打造国际智能金融中心，提高金融服务效率，增强对金融风险的管控能力，带给消费者更优质的金融服务，从而获得更多发展机遇。由此可见，智能金融中心的打造离不开保险科技的支持，为此，新加坡的金融监管部门对保险科技创新采取鼓励态度，并出台了很多鼓励政策。

1. 提供资金支持

科技创新离不开资金的支持，为了满足保险科技创新对资金的需求，新加坡金融管理局专门为金融领域科技和创新计划（FSTI）特批了2.25亿新元的资金，以加速金融领域的科技和创新驱动增长。

按照规划，FSTI要支持创新实验室建设、支持制度层面的项目等。但目前，FSTI支持的项目主要集中在保险科技领域，例如利用区块链技术防止发票复制；对自然灾害数据进行分析，对自然灾害发生规律进行预测，通过预警降低投保人的损失；通过实验测试降低网络风险，减少保险公司在该领域的保费支出等。

2. 提供金融机构方面的支持

2016年5月，新加坡金融管理局和国家研究基金会成立金融科技办公室，对包括保险科技在内的金融科技事务进行统筹管理。具体来看，金融科技办公室要对政府围绕包括保险科技在内的金融科技创新发展发布的各种资金计划进行审核、调整，对金融行业基础设施建设与完善、人才培养与开发、商业市场的良性竞争等事宜提出合理的策略，为新加坡成为保险科技中心提供支持与保障。

从理论上来讲，任何行业的创新活动都要在现有的法律法规内进行。为了防止保险科技创新受到现有法律法规的约束，新加坡金融管理局提出"金融机构不必为所有新型数字产品和服务来寻求MAS的批准"。而且，如果保险科技创新企业对尽职调查的结果不满意，可以在不获得MAS批准的情况下继续推出创新产品。

为了进一步释放包括保险科技在内的金融科技创新的活力，MAS于2016年6月发布了一份关于金融科技监管指引的咨询文件，明确表示鼓励金融科技实验，希望看到更多有价值的创新成果得到市场检验，能够在国内乃至国外得到推广应用。

3. 关注创新成果

新加坡金融管理局在内部设立金融科技与创新小组，下设三个部门，其中两个部门的主要任务是关注金融领域的监管政策，一个部门的主要任务是关注金融领域的创新成果，以保证金融行业的监管政策能够与科技创新保持一致。

为了做好对保险科技企业的监管，规范保险科技企业的运营，MAS将持续参与保险科技企业的创新活动，不断更新自己的专业知识，与保险科技企业同步发展。

五、中国保险科技的监管政策

2021年12月，中国保险行业协会正式发布《保险科技"十四五"发展规划》（以下简称《规划》），该规划明确提出"十四五"时期保险科技领域的发展目标："到 2025 年，我国保险科技发展体制机制进一步完善，保险与科技深度融合、协调发展，保险科技应用成效显著，保险科技水平大幅跃升，人民群众对数字化、网络化、智能化保险产品和服务的满意度明显增强，我国保险科技发展居于国际领先水平。"

由此可见，我国政府部门鼓励保险业发展保险科技，但同时也会加强对保险科技的监管，对一些非保险企业来说，必须在获得保险牌照后才能开展保险业务。

我国香港地区也十分重视保险科技的发展和应用，并采取多种措施不断加强对保险科技的监管，推动保险科技发展。具体来说，中国香港保险业监管局主要采取了以下几项举措，如表 17-3 所示。

表 17-3　中国香港保险业监管局对保险科技的四大监管举措

监管举措	具体内容
推出保险科技沙盒	保险公司可以采集大量数据并利用保险科技沙盒向保监局证明保险科技创新项目合法合规，在一定程度上解决保险科技创新与监管规则之间的冲突

续表

监管举措	具体内容
发出快速通道授权	快速通道能够为持有和使用全数码分销渠道（即不使用代理、银行或经纪等常规分销渠道）的新保险公司简化保险业务授权申请流程，从而提高一些新保险公司的保险授权的申请速度，推动保险科技的发展
组建保险科技促进小组	保险科技促进小组会帮助保险公司、科技公司和初创企业快速掌握与保险科技相关的制度和规则，并为这些企业提供互相交流的平台，促进各个企业之间的项目合作，从而推动整个香港的保险科技的发展
设立未来专责小组	未来专责小组需要通过研究保险业的发展方向、影响发展的因素等来辅助保险行业制订发展规划，并推广保险科技应用，为保险科技未来的发展保驾护航

第 18 章
保险合规：监管科技应用场景

保险科技是推动保险生态革新的重要力量，保险科技的发展有助于提高保险产品定价的准确性、保险服务的差异性和保险业务的高效性，同时也能够促进普惠金融发展，强化保险业的风险管理和保障功能。

但对相关监管部门来说，保险科技的发展为其带来了巨大的挑战，具体来说，各种先进技术的应用不仅使得信息不对称现象愈发明显，也加大了隐私信息的保护难度，而监管滞后和监管空白等问题的存在也为保险行业的经营带来了巨大的风险。除此之外，由保险科技发展而产生的风险还具有隐蔽性、复杂性和传染性，十分不利于信息安全管理，因此监管部门往往要迎接并解决大量由保险科技创新带来的风险和挑战。

监管科技的应用能够有效打破应用端和监管端的技术壁垒，并在反洗钱、风险管理、税务管理、交易监控、运营风险管理、投资组合管理等多个方面发挥作用，不断提高监管效率，驱动监管创新，从而充分满足多样化的监管需求。总的来说，监管技术和合规技术主要有六大类应用场景，分别是：用户身份识别、市场交易行为监控、数据整理与报送、法律法规跟踪、风险数据融合分析和金融保险机构压力测试。

一、用户身份识别

用户身份识别（Know Your Customer，KYC）就是金融保险机构在为客户开立账户、提供产品和服务时预先对客户的身份信息进行采集、核验和登记等操作，从而确保其身份信息的真实性、有效性和完整性。用户身份识别能够帮助金融保险机构深入了解客户，提高信息审查的全面性，进而有效预防保险欺诈和洗钱等违法犯罪的交易行为。

互联网等新一代信息通信技术的广泛应用为金融保险机构的服务提供了更多的便捷，但由于互联网具有高度的虚拟性，因此也为金融保险机构进行客户身份识别增加了许多困难。

如果金融保险机构无法实现有效的用户身份识别，那么可能会出现大量虚假身份信息，影响客户信息的可靠性和可用性，这不仅会阻碍金融保险机构的发展，也会造成监管困难等问题，导致相关监管部门需要耗费更多的监管资源和时间成本才能完成信息检查工作。

生物识别技术能够通过对人脸、指纹、声音、虹膜、基因等具有唯一性、稳定性、难复制、难窃取特点的生物信息的快速精准识别来实现用户身份识别，充分满足金融保险机构在用户身份识别环节对效率、准确性、安全性等方面的要求。具体来说，金融保险机构只需通过互联网就能同时快速识别多个客户的生物信息，精准判断用户身份的真实性，由此可见，生物识别技术的应用能够大幅提高用户身份识别的效率和精确度。

二、市场交易行为监控

市场交易行为是包括购销行为和契约行为在内的商品交换行为，具有自愿、平等、互利等特点。市场交易行为监控就是针对购销行为和契约行为的监管手段，能够帮助监管机构及时发现金融欺诈和洗钱等金融犯罪行为。

随着大数据、云计算等技术的逐渐成熟，云计算平台等应用日渐完善，监管机构可以利用多种技术手段和应用实时监控大多数市场交易行为，但若要继续加强对多方交易主体的深入监管和穿透式监管却是难上加难，其原因如下：

- 当前的基础设施难以满足监管机构对于海量数据运算和处理的需求；
- 当前的数据挖掘水平难以满足监管机构对于具有多层深度嵌套样式的数据关系的处理需求；
- 监管机构还要充分运用生物识别技术来解决市场行为相关信息的准确性和隐蔽性问题，从而为实现对市场行为的深度监控提供有力支撑。

知识图谱技术是人工智能技术的重要组成部分，它融合了认知计算、数据挖掘与机器学习等多种知识，能够有效解决以上监管难题。知识图谱也叫作科学知识图谱，可以借助图形以可视化的方式对知识和知识载体进行挖掘、分析、构建和描述，进而表现出知识的发展进程和结构关系。

监管机构可以利用知识图谱技术对海量交易信息进行挖掘、整理和分析，并针对各方交易主体构建起以关系图等图形为表现形式的信息体系，从而利用该关系图简便快捷地掌握各个主体之间的交易关系，同时挖掘到更多依靠传统监管手段难以了解到的深层信息。由此可见，知识图谱技术在金融保险监管中的应用能够帮助监管部门快速处理海量交易信息，明确主体之间的联系，从而为其工作提供方便。

比如，如果监管机构利用相关知识图谱技术绘制的市场交易关系图中存在独立于整体市场之外的闭环小市场，那么该闭环中的各个交易主体可能正在以相互交易的方式来创收或完成一些非法操作。因此监管机构必须重视对闭环中的交易主体的监管，充分利用知识图谱技术及时发现并处理闭环中的非法事件，如果仅仅依靠传统的监管手段，那么监管机构将难以及时发现这一问题，最终影响监管的有效性。

三、数据整理与报送

在数字时代，数据是监管与合规的关键要素，监管数据能够在监管机构的各项检测和监管工作发挥重要作用，因此各金融保险机构必须通过不断提高自身的数据处理能力来满足监管机构的要求，当金融保险机构缺乏足够的数据处理能力时，其提供的监管数据将无法充分满足监管需求。

2013年，国际组织巴塞尔银行监管委员会（Basel Committee on Banking Supervision，BCBS）发布《有效风险数据加总与风险报告原则》，即BCBS239，对全球系统重要性银行的总体治理能力、风险报告能力、风险数据加总能力等提出了明确的要求，但由于许多金融保险机构并未有效提高自身的数据处理能力，难以提供满足监管需求的监管数据，因此还需要进一步清洗和加工数据。

除监管外，高质量的数据还能够满足公司和机构的合规需求。金融保险机构需要充分利用合规与监管科技来高效采集大量数据，并提高数据质量，减少采集数据环节的成本支出。与此同时，也要提高数据传输效率，并充分保障数据在整个传输过程中的安全。现阶段，金融保险机构可以通过以下几种方式来充分发挥监管科技的作用，实现高质量、高效率的数据整理与报送。

1. 自然语言处理技术

自然语言处理技术是一种融合了数学、语言学、计算机学等多个学科知识的新兴技术，也是计算机领域和人工智能领域的重要研究内容之一。

自然语言处理技术在金融保险监管中的应用能够有效降低软件语言的理解难度，提高软件语言表达的准确性和丰富性，让人和计算机可以通过自然语言实现有效通信。因此，监管机构可以利用自然语言技术实现更全面的非结构数据获取和更深入的非结构数据解读，同时也可以提高结构型数据获取环节的数据获取效率，减少成本支出。

2. 标准化数据报告

金融保险机构可以利用大数据、云计算等先进技术进一步解构复杂的数据内容，并对这些数据进行规范，从而根据数据内容生成标准化报告，实现跨领域监管，为混合产业监管提供便捷。不仅如此，标准化数据和标准化报告也打破了不同机构之间的数据壁垒，让各个机构能够更加方便快捷地进行信息交流和数据共享，以便获取更加全面的数据信息，并利用这些数据进一步提升自身的合规能力和水平。

由此可见，对监管机构来说，标准化数据报告既能降低监管成本，提高监管效率，也有助于提高监管质量。

3. 数据加密

为确保数据传输、数据报告的稳定性和安全性以及各项隐私信息的安全性，监管部门需要借助数据加密技术对监管数据进行加密处理。

传统的数据传输通常是利用专有监管数据通道来传输数据，但由于这种传输方式的加密技术水平有限，仍旧保留了原本的算法过程，因此，当出现监管数据输送密集或数据通道出现节点时，往往难以充分保障数据安全。基于区块链等数据加密技术的数据传输方式能够充分满足监管机构对数据的安全性的要求，因此数据加密技术在数据传输环节的广泛应用是大势所趋。

四、法律法规跟踪

随着法律法规总体数量的持续增加和经济全球化进程的不断推进，金融保险机构的合规难度和监管机构的监管难度都越来越高。因此，金融保险机构的法务人员既要巩固以往的法律法规，也要继续加强对新的法律法规、世界各国监管规范以及国际组织的相关监管文件的钻研，对金融保险机构的相关工作人员来说，这将会使其工作压力大幅增加。

人工智能是计算机科学的一部分，包含机器学习等多种技术，既可以利用输入的数据深度把握原有的法律法规，也可以利用机器学习技术及时掌握新的法律法规，并对当前的法律知识体系进行实时更新和补充。金融保险机构可以利用人工智能实现机构内部的合规监管，具体来说：

- 通过人工智能应用，金融保险机构可以及时发现和处理因法律法规变化造成的不合规业务，有效防范法律合规风险；

- 通过人工智能应用，金融保险机构可以及时掌握世界各国监管文件之间的关联性和差异性，从而为跨境业务提供有效支撑，提高自身的国际竞争力，以便高效应对国际市场竞争；

- 金融保险机构可以借助人工智能从大量监管案例中汲取经验，并科学合理地预测实施各种监管方案可能会取得的监管效果，从而实现监管决策水平的提升。

五、风险数据融合分析

风险数据融合分析是一种新的数据分析方式，具体来说，就是通过利用大数据、云计算等先进技术来综合测量、比对和分析各种类型的风险数据，从而实现对风险的洞察。风险数据融合分析主要有三种形式，分别是跨期风险数据融合分析、截面式风险数据融合分析、混合式风险数据融合分析，如图18-1所示。

图 18-1　风险数据融合分析的主要形式

189

1. 跨期风险数据融合分析

跨期风险数据融合分析是在传统断点式合规与监管分析的基础上不断优化而产生的一种更加先进的风险数据分析方式，能够综合考虑监管时间断点间的风险数据和其他时期的风险数据，并根据所有的风险数据进行建模，甚至对未来的风险进行预测。

由此可见，跨期风险数据融合分析能够有效提高金融保险机构的风险分析的连贯性和全面性。

2. 截面式风险数据融合分析

截面式风险数据融合分析是一种可以通过利用基于大数据技术的跨界整合功能对化学材料、投连险等混合业态中的风险数据进行解构和标准化处理来实现全方位风险测算的风险分析方式。

混合业态通常包含两个或多个子领域，在传统的监管模式下，金融保险机构往往无法兼顾各个子领域，只能将整个混合产业看作一个行业领域进行数据分析，或者仅围绕核心领域进行测算，而截面式风险数据融合分析能够综合分析各个子领域的数据，有效提高监管的准确性和科学性。

3. 混合式风险数据融合分析

混合式风险数据融合分析是一种既有跨期风险数据融合分析的连贯性和全面性，也有截面式风险数据融合分析的准确性和科学性的风险分析方式。一般来说，由于大多数跨国公司的母公司和子公司之间缺乏足够的联系，因此在进行风险分析时往往分别进行测算，但这不仅不利于及时发现公司内部的风险，也会隐形市场交易行为的内部关系，影响风险分析的准确性和全面性。因此，跨国公司常常会使用混合式风险数据融合分析的方式进行风险测算。

具体来说，跨国公司可以以混合式风险数据融合分析为分析方式，以大数据、云计算、区块链等先进技术为分析手段，从各个时间维度对风险数据进行分析，实现全方位、多维度的风险测算，进一步提高风险预测的准确性和合理性，并提高自身的合规水平。由此可见，混合式风险数据分析能够在监管机构对跨国公司的监管中发挥出巨大的作用，大幅提高监管的有效性。

六、金融保险机构压力测试

金融保险机构压力测试是现阶段合规与监管科技的重要应用场景。一般来说，传统意义上的压力测试就是检测金融保险机构或资产组合能否承受十分极端的市场变化（如某一股票市场整体暴跌50%、某一国家的货币骤然贬值25%等），从而判断该金融保险机构或资产组合在极端的市场环境中应对风险的能力，也就是说，压力测试是一种定量风险分析手段。

在具体方法上，压力测试主要包括情景测试和敏感性测试，如表18-1所示。

表 18-1　压力测试的两种方法

方法	具体操作
情景测试	情景测试主要包括历史情景测试和假定情景测试。其中，历史情景测试就是以真实的历史事件为测试环境对测试对象进行测试和分析；而假定情景测试是以虚构的事件为测试环境对测试对象进行测试和分析
敏感性测试	敏感性测试是压力测试的主要手段，主要用于测试金融保险机构在处于利率、汇率、股价等相关风险参数快速剧烈变化的环境中时所受到的影响

金融保险机构可以通过压力测试了解自己当前的潜在风险与财务状况之间的联系，以及未来一段时间内可能会出现的风险，从而提前针对已知的风险制订防范计划，避免因突发性的极端风险造成巨大损失。

现阶段，传统的保险机构往往难以顺利完成压力测试，这主要是因为以下三个方面的原因，如表18-2所示。

表18-2 传统保险机构难以顺利完成压力测试的三大原因

原因	具体表现
变量有限	由于金融保险机构和监管机构的数据计算能力不足，因此当面对压力测试中成百上千的变量关系时，无法对所有变量关系进行全面分析，导致压力测试的测试结果缺乏准确性和参考价值
测试静态	由于情景测试和敏感性测试都是针对瞬时变化的静态测试，因此难以对动态的变化进行有效分析，无法实现准确的风险承受能力评估，也难以为金融保险机构根据测试结果制定有效风险防范方案提供支持
测试被动	一般来说，金融保险机构不会主动通过压力测试来管控企业内部风险，大多会在监管机构要求测试后才会进行风险测试，这主要是因为压力测试需要花费高昂的基础设施成本和人力资源成本

大数据、云计算、人工智能等先进技术在压力测试中的应用能够有效解决以上问题：

- 大数据技术具有十分强大的数据计算能力，大数据技术的应用能够大幅提高金融保险机构的数据计算能力，让金融保险机构在进行压力测试时不仅能充分考虑关键性变量，也能将次要变量纳入分析范围，从而扩大变量关系的分析范围，提高测试的准确性和参考价值。比如，美国保险企业在进行压力测试时会通过综合考虑大量宏观经济变量来减少测试误差，解决情景测试中的情景失真问题。

- 金融保险机构可以在云计算平台中购买压力测试解决方案，并利用云计算技术将压力测试转移到云计算平台上来完成。云计算技术的应用让金融保险机构可以在既不花费大量资金建设相关基础设施也不花费大量人力资源的情况下完成压力测试，让压力测试的成本大幅降低。而压力测试成本的降低既能有效提高金融保险机构的测试积极性和风险防范能力，也能为监管机构的监管工作提供便捷。

- 人工智能具备机器学习等多种智能化技术，人工智能的应用有助于金融保险机构实现对动态变化的有效分析，从而及时发现风险，并采取行之有效的手段来应对风险，避免因风险防范不及时造成难以估量的损失。

第 19 章
我国保险监管科技的实现路径

一、提质增效：驱动保险业高质量发展

现阶段，我国国内经济迅速发展，信息技术持续进步，各行业领域都在发生变革。对保险业而言，机遇与挑战并存，保险业应当积极开展发展模式的变革，以顺应新时代的发展趋势。

而保险业的变革势必会对保险监管体系提出更高的要求，这就要求银保监会重新审视保险业的发展模式，明确保险业的发展阶段和发展趋势，认清保险业的发展机遇和挑战，充分了解政府已经出台的金融政策，综合全方位的因素建设更高水平、更高层次的保险监管体系，并围绕服务实体经济、防范与化解金融风险、深化金融改革、推动金融对外开放的宗旨，全面提升保险监管的质量和效率。

1. 以服务实体经济为关键目标

金融业本质上就是为实体经济服务的行业，金融业服务于实体经济既可以保障实体经济的高质量发展，又可以实现自身的持续发展。保险业作为金融业的重要领域之一，应当将服务实体经济作为关键的工作目标。相应地，保险监管也应当坚定不移地遵循服务实体经济的原则，不断完善保险监管机制，推动保险服务的结构性改革，提升服务质量和效率，从而保障实体经济的高质、高效发展。

具体来看，保险业服务于实体经济的主要措施如表19-1所示。

表19-1 保险业服务于实体经济的主要措施

措施	具体内容
树立全局思维	根据国民经济的发展战略和方向，优化创新自身的服务功能，提升服务能力，使保险业能够为精准脱贫、"一带一路"等战略提供优质服务
强化保障功能	保险业要深化与医疗、交通、养老、"三农"、环保、贸易等领域的融合，转移或降低各领域的发展风险，为各个领域的发展提供有力保障，进而提升自身对经济社会的服务能力
优化保险的资金融通功能	充分了解实体经济的发展情况和发展需求，强化保险资金对实体经济发展的支持能力，并拓宽相应的支持渠道，充分发挥保险资金的价值

2. 以防范与化解金融风险为根本任务

金融业的根本任务是防范与化解金融风险，尤其是预防系统性的金融风险。银保监会应当强化金融风险的监管和防范能力，提升风险管控效率，为保险业的健康持续发展提供保障。

一方面，银保监会要加强对既有风险的管控，并严格把控保险市场的功能和行为，防止市场乱象，杜绝一切扰乱保险市场乃至金融市场秩序的行为；另一方面，银保监会还要加强对潜在风险的分析和预测，并采取有效措施进行防范，同时创建并完善保险业风险防控长效机制，切实提升保险业的风险防控能力，实现保险业的健康发展。特别是对于存量风险，银保监会要遵循标本兼治的原则，采取多项风险防控措施，实现精准、全面的风险管理。

3. 以深化金融改革为着力点

深化金融改革可以驱动金融业实现良性发展，而保险业现阶段的发展仍存在一些痛点问题，因此，保险业要深化供给侧结构性改革，持续优化保险产品供给和保险资金供给，同时完善保险企业治理体系，提升保险业的保障能力和服务能力，使其能够更好地服务于实体经济，同时实现自身的良性发展。

具体来说，保险业深化改革可以采取以下措施，如表19-2所示。

表 19-2　保险业深化改革的三大措施

序号	具体措施
1	银保监会要转变自身职能，减少对保险公司不必要的管制，扩大保险公司的自主经营权，同时充分发挥保险市场的作用，优化资源配置，推动保险产品变革
2	银保监会要注重新一代信息技术的应用，结合监管资源，优化创新监管策略和手段，提升监管水平和效率
3	银保监会要创建并完善消费者权益保护机制，切实保障消费者的合法权益，提升消费者的信任度，实现保险业持续发展

4. 以推动金融对外开放为重要抓手

我国金融业自对外开放以来，不仅发展水平与金融实力得到显著提升，而且金融监管能力和风险防控能力也得到空前提升，我国金融业已经进入高质量发展阶段。保险业要始终坚持对外开放的原则，实时掌握国际保险市场形势变化，并结合我国保险业发展战略，优化创新保险发展策略和对外开放措施，同时政府要出台鼓励政策以吸引外资保险机构入驻，并优化外资机构监管机制，实现我国保险业的健康发展。

一方面，银保监会要不断学习国际优秀的监管经验，并结合我国保险监管的实际情况，取长补短，制定高水平、高质量的保险监管策略，提升监管效率和水准；另一方面，银保监会要加强国际交流与合作，积极参与国际保险业治理，并提升自身治理能力，从而驱动我国金融业的高质量发展。

二、制度建设：完善保险监管环境

随着现代化通信技术不断发展和扩大应用，金融科技随之诞生并取得了快速发展，但由于实践经验不足且监管较为滞后，金融业发展出现了很多问题。

我国政府对此高度重视，并出台相关政策进行治理和预防。例如，2019年8月，中国人民银行颁布《金融科技发展规划（2019—2021年）》，强调要在金融科技领域制定科学的顶层设计方案，推动金融科技良性发展，提升金融监管能力与风险预防能力；2020年9月发布的《关于实施金融控股公司准入管理的决定》和《金融控股公司监督管理试行办法》则提出金融控股企业须持牌经营，从而避免套利等保险市场乱象。

这些法规有效规范了保险科技的应用，但由于保险科技的发展呈现出阶段性特点，保险科技监管也仍存在一些问题，如监管碎片化和滞后性严重、风险预防能力差等。因此，银保监会应当不断加大保险科技发展和应用的监管力度，结合现有的监管制度和金融监管领域的变化，全面优化监管手段和策略，提升监管效率。

1. 强化保险科技监管力度

强化保险科技的监管力度需要从以下四个方面着手，如表19-3所示。

表19-3　强化保险科技监管力度的四项措施

序号	具体措施
1	完善保险科技监管制度和相关法律规范体系，规范保险科技应用，提升监管效率，同时要严格把控市场准入，持续推进持牌经营的原则，规范市场行为
2	注重功能监管和行为监管，结合保险科技的发展特点与应用场景进行分类监管，提升监管效率，同时制定保险科技标准和风险规则，通过标准规则来实现高效监管
3	促进保险监管机构间数据和信息的互联共享，通过各监管机构间的协同配合提升监管效率和水准
4	强化保险业基础设施建设，优化统计监测和信息披露系统，出台投资者保护等相关激励政策，不断引导保险公司加强自律，实现保险公司合规经营，从而从根源上解决监管问题

2. 优化监管力量和资源配置

当前的保险监管存在人力资源缺乏、专业技术水平不高、系统开发能力较弱等问题。因此，保险行业既可以充分利用金融基础设施加强对监管科技的运用，也可以通过外包的方式将部分技术监管工作和服务交给其他公司来负责，补齐自身在技术方面的不足，进而加强对核心监管政策的研究，加快推进系统性风险管理的步伐。

对监管部门来说，要通过加大人才引进和资金投入的力度以及加强监管科技项目合作和基础课题研究来实现监管队伍和业务的结构化转型，积极推进科技创新，并将各种创新应用运用到监管数据报送、投资者适当性管理体系以及反洗钱和反欺诈等监管环节当中。

3. 坚持功能性监管和统一监管原则

金融与科技的融合，监管规则的完善以及运营模式、销售方式、组织方式的创新都要以不改变保险风险管理和金融服务实体经济的目标为前提，同时还要不断加强对系统性风险的防范。

从本质上来看，保险科技监管就是通过制定统一的监管规则来规范竞争秩序，确保市场竞争的公平性，切实保护参与者各方的权益。在监管规则的制定方面，监管部门应严格落实统一性监管制度，在功能性监管的基础上将保险科技应用于保险监管当中，并根据传统的保险监管规则对各项保险科技创新及应用进行统一的准入管理，同时也要推行持证上岗制度，以技术、业务、资质为主要参考要素严把准入门槛，消除监管盲区和监管空白地带。

总而言之，在传统保险市场中，任何保险科技创新和应用都要在取得相关监管部门的许可后才能实施，监管部门会对所有的保险创新进行严格管理，解决监管空白和监管套利等问题，与此同时，监管部门还会实时监测和分析保险科技的发展情况和影响范围，并以此为依据及时革新监管模式，完善监管规则，优化各个阶段的监管框架。

三、技术赋能：构建监管科技基础设施

随着金融与科技的融合日益深入，金融科技逐渐成为重塑金融体系的重要

力量。为确保金融科技健康发展，必须建立有效的监管机制，实现监管与科技的深度融合，让监管机构能够拥有更丰富的监管手段和更高的管理能力，从而提高监管行动的准确性和有效性。

在保险行业，传统的保险监管大多是在相对统一的监管标准和规则下进行市场准入管理，监管的目的主要是防范风险内外传递。保险科技在应用过程中具有跨界化、去中心化、去中介化的特点，这模糊了保险监管的边界，提高了保险监管的难度，导致出现套利和风险内外传递等事件的可能性大大增加，不利于监管机构继续使用传统的保险监管模式进行监管。

在2008年之前，"轻触式监管"是世界范围内金融监管的主流理念，但在经过金融危机之后，世界各国纷纷推进金融监管模式的变革，"严格监管"成为这一时期的新主流。"严格监管"能够重塑金融市场生态，规范市场规则和市场准入管理，实现有效的风险防范，但同时也阻碍了金融创新，不利于金融行业利用技术手段来提高效率，容易造成监管空白等问题。

因此，对政府和金融监管部门来说，要合理运用各种技术手段进行风险管理，不断提高发现和处理风险的效率。

保险是规避风险的工具，也是风险管理的重要手段，随着用户保险需求的不断变化，传统的保险已经难以实现有效的风险管理，因此保险行业需要以科技赋能保险，推动保险管理服务的变革，实现保险产品定制化，从而提高风险管理服务的质量和水平。

从国际保险市场的监督管理来看，保险监管科技的应用革新了监管框架、监管标准和监管规范；从我国保险市场的监督管理来看，监管部门还需进一步强化科技对保险的支撑作用，明确监管框架，并加快完善保险监管科技配套设施的步伐，探索我国保险科技高质量发展的路径。

在监管科技发展的过程中，我国存在整体技术水平不足、标准和规则的制定较为滞后等诸多问题，尤其是在业务模式开发、关键技术标准制定、核心底层技术研发等方面的能力明显落后于美国等发达国家。由此可见，我国监管部门应不断完善政策法规、技术标准、基础算法模型等基础设施，统一相关规则和标准。

中国保险业保单登记管理信息平台和上海保险交易所保险资产登记交易平台等平台具有专线网络、开发运维工具、系统对接接口等多种保险基础设施，我国的保险科技监管部门可以通过在这些保险基础设施中融入大数据和云计算等技术的方式打造保险监管数据平台，用于采集、分析、存储保单和保险资产清单数据，并进一步建立保险监管科技基础平台。

随着保险基础设施建设的不断推进和基于云计算的数据平台的不断完善，保险机构、保险中介机构和保险资产管理机构之间的数据实时报送接口将得到统一，各个机构可以通过数据报送接口将全生命周期的保单数据和清单级的保险资产实时交易数据等大量原始数据实时传送至中央数据库进行分析处理，并在此基础上融合财务数据（准备金报表、偿付能力监管报表、保险监管统计报表等）、行政管理数据（行政处理、机构管理等）、信用风险数据（洗钱、欺诈、经济犯罪等）和其他金融经济数据。与此同时，在对风险的探索方面，统计、精算、大数据分析、建模等技术也能发挥重要作用。

不仅如此，各机构和相关监管部门还应明确数据交互标准和元数据标准，统一应用接口，并将其应用到业务系统、财务系统、准备金系统等各个核心系统当中，同时，也要构建用于风险监管的实时数据集成系统和自动化监管报告系统，进一步提高监管响应速度。

除此之外，相关部门要推行新的监管政策法规，并为保险机构和保险基础设施留出落实相关政策法规的时间，让其能够充分实现系统革新，进而实现政策发布、接口对接和系统自动化合规处理之间的协调一致，促进监管政策的落实。

四、生态重塑：探索保险科技之路

我国互联网的快速发展为保险与科技的融合创新创造了良好的条件，但由于现阶段我国的保险市场化程度还处于比较初级的阶段，大多数保险企业缺乏足够的定价与风控能力，因此保险科技生态的构建方式将会直接影响整个保险市场的风险水平和创新活跃度，相关监管部门必须重视保险科技生态的构建问题，积极学习国内外保险企业在保险科技监管方面的经验和模式，及时搭建保险科技监管框架，并明确监管的核心目标和主要原则，进一步加强风险防范。

1. 强化沟通协作

加强政府、监管部门、科技企业、保险企业等各个涉及保险科技监管的主体之间的沟通协作，合理利用人才、资本、政策和标准等要素驱动市场发展，促进科技创新型保险企业快速成长，并借助科技的力量提高保险企业在合规报告、风险精准识别、偿付能力管理和系统性风险分析等方面的能力。

2. 运用监管科技

保险企业借助各种监管科技应用来收集、整理和分析企业内部数据，提升数据处理的精准度和自动化水平，减少人为干预，这不仅能够有效避免因人为失误出现的错误，还能提高生成风险分析报告和追踪处罚情况的速度，强化对征信、反洗钱、偿付能力、准备金监管、共同申报准则（Common Reporting Standard, CRS）等方面的监管，从而减少在合规管理方面的支出。

3. 建立"监管沙盒"制度

保险科技创新一方面丰富了保险产品的种类，改变了保险业务的开展模式；另一方面也带来了监管难题。为了解决这一问题，世界各国开始积极创新监管政策。目前，英国、澳大利亚、中国香港等国家和地区开始推行一种新的监管制度——"监管沙盒"。

金融创新机构在满足条件（包括可以有效维护消费者的利益、有创新需求以及其他的相关条件）的情况下可以申请进入"沙盒"进行测试，从而获取创新发展所需资金，以便缩短产品开发周期，提高产品更新频率。监管机构通过参与保险机构创新的全过程，可以全面掌握保险行业的发展趋势，及时发现行业发展面临的风险，从而有针对性地制定监管政策，提高监管效率与质量，降低监管成本。

基于"监管沙盒"的种种优点，我国应该以中央金融委员会为主导，出台"监管沙盒"相关政策，建立沙盒制度，在鼓励保险行业创新发展的同时做好监管，以免保险行业偏离既定的发展轨道。此外，引入"监管沙盒"机制后，监管部门应针对准入、支撑、运行、监控、评价、压力测试、风险隔离等制定相对统一的制度体系，实现包括监管、法律、资本、技术、市场、理论在内的全方位保障，让保险科技企业能够在安全、真实、开放的市场环境中进行创新实践。